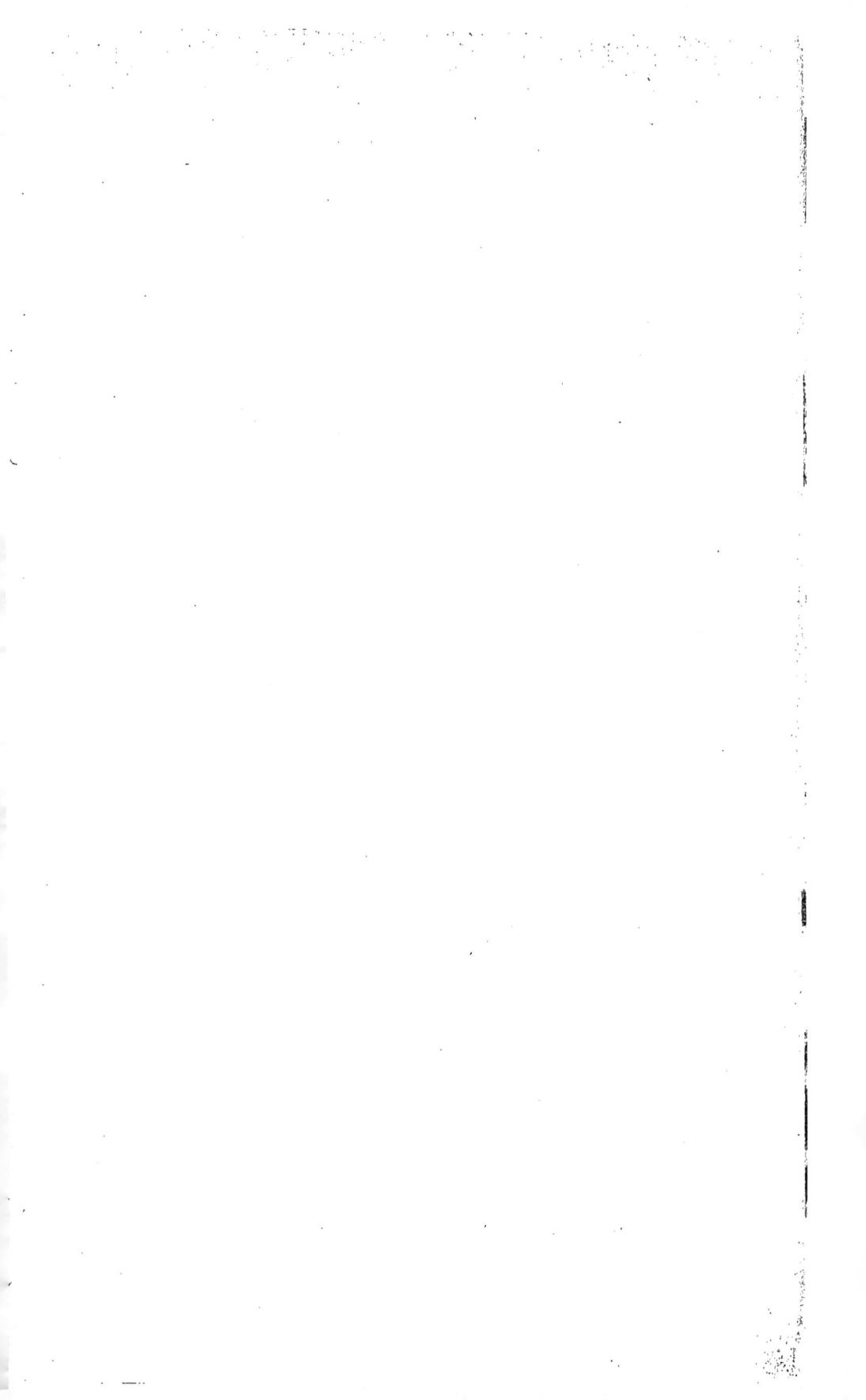

FACULTÉ DE DROIT DE DOUAI

DROIT ROMAIN

DE JURE ORIGINIS

DROIT FRANÇAIS

DES REPORTS

THÈSE POUR LE DOCTORAT

PAR

Eugène de PRAT

AVOCAT A LA COUR D'APPEL DE DOUAI

LAURÉAT DE LA FACULTÉ DE DROIT

(*Concours de doctorat*).

PARIS

LIBRAIRIE NOUVELLE DE DROIT ET DE JURISPRUDENCE

ARTHUR ROUSSEAU

ÉDITEUR

14, Rue Soufflot et rue Toullier, 13

1886

UNIVERSITÉ DE FRANCE

ACADÉMIE DE DOUAI — FACULTÉ DE DROIT

THÈSE POUR LE DOCTORAT

DROIT ROMAIN

DE JURE ORIGINIS

DROIT FRANÇAIS

DES REPORTS

L'ACTE PUBLIC SUR LES MATIÈRES CI-APRÈS

Sera soutenu le mercredi 14 avril 1886, à 2 heures du soir, dans la grande salle des examens de la Faculté

PAR

Eugène-Marie DE PRAT

NÉ A LILLE LE 17 JUIN 1863
AVOCAT A LA COUR D'APPEL DE DOUAI, LAURÉAT DE LA FACULTÉ
(CONCOURS DE DOCTORAT)

Le candidat devra, en outre, répondre à toutes les questions qui lui seront faites sur les autres matières de l'enseignement.

PARIS
LIBRAIRIE NOUVELLE DE DROIT ET DE JURISPRUDENCE
ARTHUR ROUSSEAU
ÉDITEUR
14, Rue Soufflot et rue Toullier, 13.

1886

FACULTÉ DE DROIT DE DOUAI

ENSEIGNEMENT :

MM.

DANIEL DE FOLLEVILLE (O. I. P. 🏵), Doyen, professeur de Code civil et de Droit international public.

DRUMEL (O. I. P. 🏵), Professeur de Droit romain, Membre du Conseil supérieur de l'Instruction publique.

FÉDER (A. 🏵), Professeur de Code civil et chargé d'un cours sur une matière approfondie du Droit français.

PIÉBOURG, Professeur de Droit romain et chargé d'une conférence sur les Pandectes.

GARÇON, Professeur de Législation criminelle et chargé d'un cours d'histoire du Droit romain et du Droit français, pour le doctorat.

VALLAS, Professeur de Code civil et chargé du cours de Législation industrielle.

LACOUR, Professeur de Droit commercial terrestre et chargé du cours de Droit commercial maritime.

ARTUR, Professeur de Procédure civile et chargé d'un cours spécial pour le doctorat, sur les saisies.

BOURGUIN, Agrégé, chargé du cours de Droit administratif et d'un cours de Droit constitutionnel.

AUBRY, Agrégé, chargé du cours d'Économie politique et d'un cours sur la science financière.

MOUCHET, Agrégé, chargé d'un cours de Droit international privé et d'un cours sur l'enregistrement, dans ses rapports avec le Droit civil.

JACQUEY, Agrégé, chargé du cours d'histoire générale du Droit français public et privé.

N, Agrégé, chargé des conférences facultatives et des suppléances.

N, Agrégé, chargé des conférences facultatives et des suppléances.

ADMINISTRATION :

MM.

DANIEL DE FOLLEVILLE (O. I. P. 🏵), Doyen.

PROVANSAL (A. 🏵), Secrétaire.

BIBLIOTHÈQUE :

M. COUSIN (A. 🏵), Licencié en Droit, Bibliothécaire de l'Université.

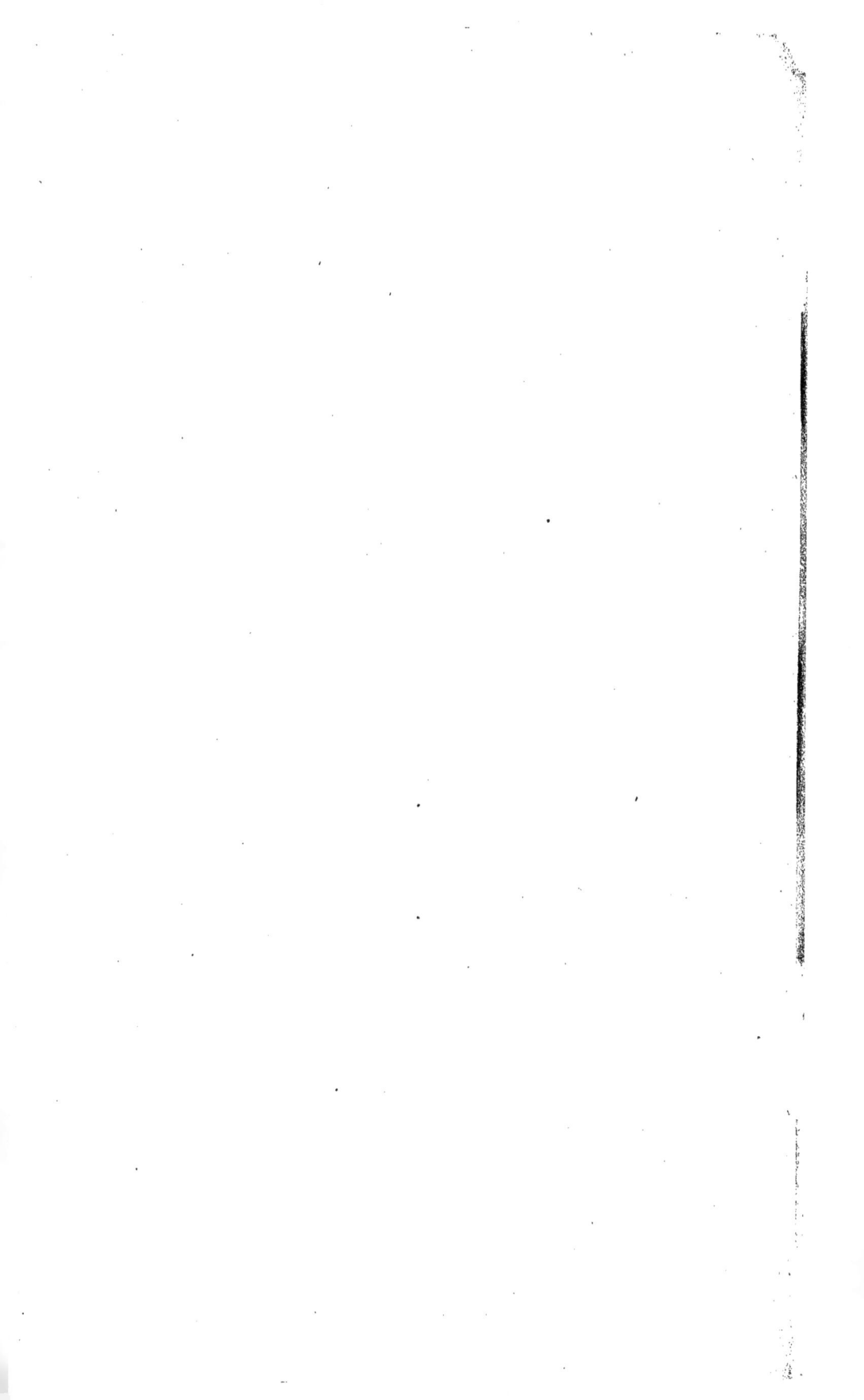

DROIT ROMAIN

DE JURE ORIGINIS

/

INTRODUCTION

La question qui fait l'objet de cette étude, malgré
son caractère spécial, exerçait son influence dans
toutes les parties du droit romain.

Elle porte, en effet, sur ce que nous appelons aujourd'hui le droit international privé, et à côté d'autres intérêts que nous aurons à mettre en lumière,
elle déterminait le criterium suivant lequel chaque
individu était soumis, sinon à une législation générale différente, tout au moins à un droit spécial va-
riant suivant les villes, et les régimes municipaux.
Tel est l'objet du *jus originis* que nous examinerons

1

dans cinq chapitres, traitant successivement de la
nature de ce droit, de la manière dont on l'acquiert,
des modes suivant lequel on le prouve, de ses effets
et enfin de la façon dont on le perd.

CHAPITRE PREMIER

NATURE DE « L'ORIGO. »

La nature de l'*origo* est assez difficile à préciser d'une manière exacte : les jurisconsultes romains se sont bornés à en étudier les effets, et parmi les commentateurs, il n'y a que Voët qui se soit hasardé à en donner une définition. Encore faut-il dire que sa proposition, que nous rencontrerons plus loin, nous paraît manifestement inexacte. Nous ne pouvons donc procéder que par induction, aussi croyons-nous devoir entourer nos assertions d'une certaine réserve.

En outre du droit de cité proprement dit, du *jus civitatis*, qui déterminait et que nous appelons aujourd'hui la nationalité, il y avait dans l'Etat romain une sorte de droit de cité inférieur, restreint, quelque chose comme le droit de bourgeoisie du moyenâge, qu'on appelait *origo,*

Le *jus originis* (1) est un rapport de droit, s'acqué-
rant *ignoranti et invito*, et insusceptible d'abandon.
Ce caractère obligatoire, qui est essentiel, tient à ce
que l'*originarius* est intimement lié à la cité, qu'il a
envers elle des obligations auxquelles il ne doit pas
lui être loisible de se soustraire, mais qui, par une
juste compensation, lui donnent le droit de coopé-
rer à sa direction.

Ces caractères multiples découlent de cette idée
que l'agglomération municipale n'est qu'une extension de la famille, et que le lien familial ne peut disparaître, parce qu'il est l'œuvre de la nature, alors
même qu'il s'agrandit et que sa compréhension devient plus vaste, alors même que la trace d'une
source commune commence à disparaître. L'idée de
société n'est souvent dans la cité antique que l'idée
de famille agrandie, et elle lui emprunte son caractère religieux et immuable. Voilà pourquoi le *jus originis* s'impose à l'individu, et le met en rapport immédiat avec sa cité propre, comme la filiation lui
impose une place dans la famille.

Ce rapport de dépendance de l'individu vis-à-vis
de la communauté exista probablement partout, ne

(1) L'expression *jus originis* se trouve mentionnée dans un texte,
la loi 16, § 3, ff. L. 1. Il nous est donc permis de nous en servir et nous croirons souvent devoir le faire, parce qu'elle exprime
plus clairement que les mots *origo* ou *patria* l'idée de rapport
juridique ; et dégage mieux le droit d'avec son objet.

faisant que différer suivant les époques ; nous n'avons pas, dans cette étude, à l'envisager sous ses différentes phases, nous serions d'ailleurs arrêtés par le manque absolu de documents. Ce que nous voulons examiner ici, ce sont les conditions d'application de ce droit, en tant que reconnu par la législation romaine, doué par elle d'une efficacité propre, et ayant à ce point de vue une certaine généralité.

Le *jus originis*, ainsi envisagé, impliquait la qualité de sujet de Rome, mais cette qualité suffisait. Il n'était point nécessaire d'être citoyen romain pour en jouir, mais sa coexistence avec le *status civitatis* sur la tête d'une même personne ne contrariait en rien son application. En fait, après la constitution de Caracalla, le *jus civitatis* et le *jus originis* se trouvèrent presque toujours cumulés.

La seule qualité de sujet de Rome suffisant, peu importait que l'on se trouvât en présence d'une ville ayant le *jus civitatis*, le *jus latinum*, que les *civitates* fussent *liberæ* ou *stipendiariæ*, le *jus originis* existait, du moins lors du complet développement de la constitution romaine ; le point de départ ne devient différent que lorsqu'il s'agit de déterminer la circonscription à laquelle l'individu se trouvait rattaché.

L'Italie, non compris la ville de Rome, se composait d'un agrégat de territoires formant dépendance des villes, la plupart municipes ou colonies, et constituant autant de communes urbaines ayant chacune sa constitution plus ou moins indépendante, ses magistrats et sa juridiction. Les provinces, qui par suite des conditions dans lesquelles s'opérèrent leur annexion, s'étaient trouvées soumises à des régimes très différents, n'avaient pas tardé à se diviser aussi en territoires de villes ; et si d'une façon générale il n'y avait pas assimilation complète, du moins, au point de vue qui nous occupe, ces divisions présentaient-elles une certaine analogie. Ces sortes de districts portaient le nom de *civitates* ou *reipublicæ*, et leurs habitants, du moins ceux qui n'y avaient pas seulement une simple résidence ou même un domicile, mais en faisaient originairement partie, s'appelaient *municipes*. L'expression *municeps*, et ce point est très important dans notre matière, n'est pas corrélative du terme *municipium*. Il y avait des municipes en dehors des *municipia* et c'est par une erreur de terminologie qu'à Rome même, du temps d'Ulpien (1), on opérait cette confusion. Le mot *municeps* avait alors une triple signification : un sens spécial qui en faisait l'habitant du municipe,

---

(1) L. 1 § 1. ff. L. 2.

Aulu-Gelle, Nuits Attiques. XVI, chap. 13, signale également cette erreur : *Municipes et municipia verba sunt dictu facilia et non obvia*, et plus loin il ajoute : *Municipes ergo sunt cives romani ex municipiis legibus suis et suo jure utentes*.

cité autonome de l'Italie ; un sens absolument général, qu'Ulpien qualifie d'abusif, et qui s'applique à
tous les habitants d'une ville, et enfin un sens particulier, qu'il regarde comme le véritable sens juridique du mot, et qui désigne ceux qui sont rattachés à une communauté urbaine par *l'origo* (1) ;
municeps est dans ce sens synonyme du mot *originarius*, et du mot *civis* que quelques textes emploient
également dans cette acception spéciale (2) : il semble
même que le terme *civis* a dû remplacer le mot *municeps*, car nulle part au Code X,/ 39 nous ne rencontrons cette dernière expression ; mais il est assez
difficile de préciser le moment où cette modification
s'est accomplie. Quoi qu'il en soit, ces extensions
de sens et ces abus de terminologie ne sont pas sans
augmenter encore les obscurités de notre matière.

Le rapport de droit que crée *l'origo* entre le *municeps* et la *civitas* doit être soigneusement distingué
d'avec un autre lien, qui produit également des effets juridiques, et présente avec le *jus originis* plus
d'une analogie ; il s'agit du *domicilium* qui correspond
à peu près à ce que nous appelons aujourd'hui le
domicile. Nous les retrouverons plusieurs fois en pa-

(1) C'est probablement la loi *Julia municipalis* qui introduisit
dans la langue cette confusion : cette loi, malgré sa dénomina-
tion, ne s'appliquait pas seulement aux municipes, mais aussi
aux colonies et aux préfectures.
(2) Loi 7, C. X, 39.

rallèle, et peut-être est-il utile d'indiquer au seuil
de cette étude, le trait distinctif qui les sépare. A
l'inverse de ce que nous avons vu pour l'*origo*, le
domicile ne crée pas une liaison intime et incommutable entre celui qui l'établit, et la ville où il se fixe.
Sans doute il engendre des effets de droit, mais il
n'en reste pas moins un état de fait, qu'on crée ou
qu'on supprime par un acte libre de volonté. Le domicilié, l'*incola*, pour parler le langage des textes,
est soumis à certaines charges, mais ce sont celles
qui sont la conséquence de tout état social, ce sont
les charges auxquelles il est juste de faire participer
tout ceux qui habitent la ville, ce ne sont point celles
qui donnent part à la direction de la cité. C'est de
ce point de vue que découlent toutes les conséquences que nous retrouverons plus loin.

Avant d'entrer dans l'examen des différents
points qui ont été traités par les textes, nous rappelons les réserves que nous faisions en commençant
sur le plus ou moins d'application des principes que
nous allons exposer. Le *jus originis* n'ayant eu, en
quelque sorte, sa raison d'être, qu'en supposant
une certaine autonomie communale, si restreinte
fût-elle, il est clair que les lois municipales ont dû
avoir sur ce point une grande part d'influence. Elles
ont dû apporter une infinité de modifications de détail dans l'exposé desquels nous ne pouvons entrer,

faute de documents surtout, puisque nous ne possédons qu'un nombre fort restreint de lois municipales. Ce que nous avons essayé de faire, c'est ce
qu'ont fait les jurisconsultes romains, présenter une
théorie générale de l'*origo* sans qu'il faille lui attri-
quer un caractère invariable et inflexible qu'elle ne
comporte nullement.

CHAPITRE II

Le *jus originis* s'acquiert par la naissance, par l'adoption, par l'affranchissement et par l'*allectio*. Nous allons étudier successivement ces diverses manières d'acquérir la qualité de *civis*.

1° Par la naissance.

Dans une société où l'esprit de famille existait encore dans toute sa force, et où chaque cité ne consistait guère qu'en une agglomération de familles dont l'origine commune était souvent reconnaissable, il paraissait naturel que la naissance fût le fait sur lequel se fondait le plus ordinairement le *jus originis*.

Pour jouir de ce droit, il fallait d'abord et avant tout naître libre. Les esclaves en étaient privés : c'est un point qui ne soulève aucune difficulté. On consultait en outre la condition du père et de la mère. S'ils avaient la même *origo*, pas de difficulté encore : l'enfant jouissait du *jus originis* de ses auteurs. La question se complique lorsque le père avait le *jus originis* dans une ville, et la mère dans une autre; en principe, l'enfant suivait la condition du père, et le fait que la mère avait une *patria* différente n'exerçait sur son état aucune influence. Mais par dérogation à ce principe, il en était autrement dans certaines villes, où par suite de concessions spéciales, l'*origo* s'acquérait du chef de la mère, c'est ce qui se passait notamment en Sardaigne, à Delphes; c'est encore ce qui existait dans la Bithynie en vertu d'une décision de Pompée.

La portée de ces dérogations avait soulevé parmi les jurisconsultes romains des dissentiments dont un texte s'est fait l'écho (1).

Les uns restreignaient l'application de cette faveur, au cas où l'enfant étant né hors mariage, ne pouvait suivre la condition de son père, et décidaient que dans cette hypothèse, il lui était donné d'acquérir l'*origo* de sa mère. D'autres, et avec plus de raison, prétendaient que si telle devait être l'interprétation de ces concessions, elles étaient complètement inutiles, attendu qu'elles n'auraient fait que sanctionner ce qui était déjà le droit commun (comme nous allons le voir quelques lignes plus loin), et qu'en conséquence, ces concessions devaient

(1) Loi § 2, ff., L. 1.

avoir pour effet de donner un double *jus origĩnis* à
ceux dont les parents appartenaient à deux cités différentes, et qui étaient appelés à jouir du bénéfice
de ces dispositions. C'est cette dernière opinion qui
semble avoir prévalu dans la législation romaine.

Quant aux enfants nés en dehors des *justœ nup-
tiœ*, leur situation était des plus simples. Comme
nous venons de le dire, ils suivaient l'*origo* de leur
mère, qu'ils aient eu ou non une filiation paternelle
certaine. Leur état ne pouvait être modifié que par
la légitimation opérée par le mariage subséquent
des parents, qui conférant aux enfants dans toute
leur plénitude, les droits résultant de la filiation *ex
justis nuptiis*, faisait acquérir aux enfants l'*origo* du
père.

Il en était certainement de même de l'oblation à
la curie, puisque sans cela son but n'eût pas été
atteint, mais la légitimation par rescrit impérial
produisait-elle aussi cet effet ? Accurse répond affir-
mativement à cette question, et pour cela il se fonde
sur la ressemblance qui existe entre la légitimation
par rescrit du prince et l'adrogation, ressemblance
qui doit entraîner comme conséquence nécessaire
l'application à notre espèce des effets de l'adoption,
et en particulier la dualité d'*origo* ; le *jus originis* de
l'adopté subsistant à côté de celui de l'adoptant.
Accurse n'a pas formulé la conséquence, mais nous

verrons plus loin qu'elle découle évidemment des principes.

Quelque spécieuse que puisse paraître cette assimilation, nous devons avouer qu'elle nous séduit peu, et tout en admettant la solution proposée par Accurse, nous croyons nécessaire de lui donner une autre base. Sans doute, à un point de vue abstrait, il y a une certaine ressemblance entre la légitimation et l'adrogation, mais il ne faut pas oublier que l'adrogation des *liberi naturales* par leur père a été prohibée par une constitution de Justin, et dès lors il est assez difficile de comprendre comment la légitimation peut produire un effet juridique parce qu'elle a des points d'attache plus ou moins nombreux avec une institution interdite dans l'espèce. Les *liberi naturales* incapables en droit d'être adrogés par leur père, sont en fait légitimés par rescrit du prince ; est-il logique pour régler leur condition de fait, de s'appuyer sur un état de droit qui leur est inapplicable ?

Nous croyons pour notre part qu'il faut puiser dans une idée plus générale la raison d'être de notre décision, et nous dirons que le rescrit impérial étant une source du droit, contient en lui-même et sans qu'on ait à recourir à d'autres dispositions légales, tous les effets qu'il doit produire. Quel est le but du rescrit impérial ? Produire les mêmes effets

que le mariage subséquent, alors que celui-ci est
devenu impossible matériellement ou moralement.
C'est donc parce que la volonté impériale assimile la
légitimation par rescrit, à la légitimation par mariage qu'ils doivent produire les mêmes effets, et
nous dirons que le rescrit impérial conférant à l'enfant tous les droits résultant de la filiation, celui-ci
acquiert par voie de conséquence le *jus originis* de
son père.

L'enfant suit l'*origo* de son père : voilà la règle,
mais il s'en faut de beaucoup que le principe ainsi
formulé comporte toute la précision désirable. Il y
a en effet deux manières de l'interpréter absolument
opposées et dans leur point de départ et dans leurs
conséquences. Elles sont indiquées dans les écrits
des différents interprètes qui ont traité de cette matière, sans qu'on ait presque eu conscience de leur
réelle antinomie : chacun exposant sa théorie, sans
paraître se douter qu'il puisse y avoir quelque divergence ou quelque opposition. Nous rassemblons
ici les différentes idées qui ont été émises sur ce
point, sans dissimuler cependant que pour plusieurs
auteurs, elles expriment plutôt une tendance qu'elle
ne sont l'expression d'un véritable système.

D'après Pothier, Antoine Pérez, Voët, etc., l'enfant suit l'*origo* de son père, en ce sens qu'il a le *jus
originis* dans la ville où son père est domicilié au

moment de sa naissance : il suffit donc pour déterminer la *patria* d'un individu de rechercher quel
est son lieu de naissance. Il suit de là et par voie de
conséquence nécessaire, que le lieu de naissance
étant absolument un, l'enfant ne peut avoir du chef
de son père qu'un seul *jus originis*.

Cette première interprétation s'appuie principalement sur deux textes, la loi 228 ff. L. 16 et la loi
30 ff. L. 1.

La loi 228 est ainsi conçue : *municipes intelligendi
sunt qui in eodem municipio nati sunt.* Le terme *municeps* est le terme technique qui distingue celui qui a
le *jus originis*, de celui qui est simplement domicilié
qu'on appelle *incola*. Or qui sont ceux qui sont *municipes ?* Le texte répond clairement, ce sont ceux qui
sont nés dans la même ville ; c'est donc le lieu de la
naissance qu'il faut considérer pour savoir où l'on a
le *jus originis*.

Autre texte aussi formel : aux termes de la loi 30
ff. L. 1, celui qui est né dans une bourgade a pour
patria la ville à laquelle se rattache cette bourgade.
Qu'est à dire sinon qu'il faut considérer le lieu de la
naissance ?

Partant de cette idée, et le principe une fois posé,
certains glossateurs passent à l'application avec un
luxe de détails qui étonne pour qui sait la réserve
qu'il se sont imposée quand il s'agissait de fixer

quelques idées générales. Il en est qui examinent
ce qui devait se passer quand l'enfant venait au
monde pendant un voyage de ses parents, avait-il le
le *jus originis* dans la ville où le hasard a voulu qu'il
naquît, dans l'ancien ou le nouveau domicile de son
père. Grave question dans la discussion de laquelle
nous n'entrerons pas : le principe nous paraissant
manifestement faux, ses applications ne sauraient
être qu'erronées.

Nous nous rallions franchement à la manière de
voir d'Alciat et de Cujas, qui d'accord avec un grand
nombre de textes, déclarent que la naissance con-
fère au fils le *jus originis* qui appartient au père,
c'est-à-dire que là où le père est *municeps* dans le
sens exact du mot, le fils le sera également, et que si
le père a le *jus originis* dans plusieurs *civitates* le fils
jouira du même droit; en d'autres termes, pour nous
l'origo est toujours *paterna* et jamais *propria* comme
on le prétendait tout à l'heure.

C'est ce que dit formellement la loi 6 § 1 ff. L. 1 qui
déclare que la cité à laquelle appartient le fils se
détermine par *l'origo* du père, jamais par son domicile.

C'est encore le principe formulé par la loi 3, C.
X. 38, qui déclare que les fils ne peuvent être con-
traints d'accepter les charges publiques que dans
les villes où leur père a le *jus originis*, et jamais dans

2

la ville d'origine de leur mère, quand bien même ils
y seraient nés.

A ces arguments de texte s'ajoute une considération non moins probante. Un rescrit de Marc-Au-
rèle et de Lucius Vérus statuant sur la manière dont
doit se prouver *l'origo*, déclare que c'est là une question de fait, et qu'il faut s'en rapporter aux circonstances; cela se conçoit très bien quand on admet notre interprétation, parce qu'alors, c'est par
une sorte de possession d'état, que le *jus originis* se
transmet et se conserve, mais c'est absolument irra-
tionnel en supposant admise l'autre opinion, parce
qu'alors il eût été bien plus logique et surtout bien
plus sûr de se référer aux registres spéciaux où
étaient inscrites toutes les naissances.

A cette manière de voir on peut objecter, il est
vrai, deux textes, la loi 228 ff. L. 16 que nous avons
déjà rencontrée, et la loi 190 ff. L. 16.

Quelque spécieux que paraisse l'argument qu'on
en tire, il ne nous paraît pas inébranlable. Il suffit
de rapprocher la loi 228 de la loi 1, § 2 ff. L. 1 pour
se convaincre que l'on se trouve précisément dans un
de ces cas, où par suite d'un abus de langage très
fréquent à cette époque, dit Ulpien, on donne d'une
façon générale à n'importe quel citoyen d'une ville
l'appellation qui était réservée dans le principe à
ceux qui avaient un droit de bourgeoisie et qui par-

ticipaient aux charges communales. Notre explication nous paraît d'autant plus vraisemblable que
cet exemple de terme impropre n'est pas unique
dans notre matière : Paul commet la même erreur
dans la loi 22, § 2, ff. L. 1.

L'objection tirée de la loi 190, ff, L. 16 paraît au
premier abord plus sérieuse, bien qu'elle ne repose en
somme que sur une analogie ou une extension. Cette
loi est ainsi conçue : « *Provinciales eos accipere debemus
qui in provinciâ domicilium habent, non eos qui ex provinciâ oriundi sunt,* » ce qui paraît la condamnation
de notre théorie, puisque nous voyons ici le fait du
domicile prévaloir contre la désignation du lieu par
la naissance. On a cependant répondu à cet argument en observant que cette loi n'est pas d'une
application générale et nécessaire : ce n'est pas un
principe posé, car il serait erroné, mais une décision d'espèce applicable à un cas spécial. Le texte
pourrait fort bien se référer à certaines constitutions
des empereurs qui, dans un intérêt d'ordre public
ont créé un empêchement au mariage entre les *provinciales* et certains fonctionnaires, tels que le *præses
provinciæ,* le *procurator Cæsaris,* etc... Dans ces constitutions le terme *provinciales* aurait une acception spéciale, et ne s'entendrait pas *ex sola origine* mais en
ayant égard au domicile. C'est qu'en effet, si des
abus de pouvoirs sont à craindre, si des intrigues

sont à redouter de la part de certains fonctionnaires, ce ne peut être que dans leurs rapports avec leurs administrés, et leurs administrés sont bien plus ceux qui sont domiciliés en fait dans la province, que ceux qui ne lui sont rattachés que par un lien de droit, que par un lien d'origine.

Cela se conçoit encore si l'on pense que par suite de la transmission au fils de toutes les « *origines* » du père et parfois de celles de la mère, sans parler des autres *patriæ* qu'il lui était loisible d'acquérir par les moyens que nous indiquerons plus tard, il aurait pu se faire que cet empêchement atteignît un trop grand nombre de personnes.

Il est vrai que cette conciliation paraît être démentie par le texte spécial (38, ff XXIII, 2) qui règle cet empêchement. Cette loi déclare expressément : *unde oriundi sunt vel ibi domicilium habent, uxorem ducere non potest* ; ainsi M. de Savigny ne croit-il pas que la loi *Provinciales* se réfère au cas que nous avons indiqué : il reconnaît seulement que ce texte vise une interprétation toute spéciale, mais que nous ne saurions déterminer avec certitude.

Sans nous montrer sur ce point plus affirmatif que ne le comportent les données que nous possédons, nous croyons cependant qu'il n'y a pas inconciliabilité entre les lois 228, ff L. 1 et 38, ff XXIII, 2. La terminologie si défectueuse du Digeste nous auto-

riserait peut-être à prendre le terme *vel* comme l'é-
quivalent de *id est,* nous avons plus d'un exemple
de cette substitution, mais même en laissant de côté
ce moyen qu'on ne doit prendre que pour ce qu'il
vaut, nous ne sommes pas encore désarmés. Il faut
remarquer que ce qui est en question dans ce texte,
c'est de savoir si le simple domicile crée l'empêchement au mariage, et alors ce texte ne pourrait-il pas
se traduire ainsi : l'empêchement au mariage existe
à l'égard des personnes qui sont originaires (quand
elles sont domiciliées, ce qui est sous-entendu) mais
même à l'égard de celles qui n'ont dans la province
qu'un simple domicile ; rien ne prouve que le texte
ne réserve pas le cas des personnes simplement originaires.

Tels sont aussi brièvement énoncés que possible
les éléments que les textes nous fournissent sur la
collation du *jus originis* par la naissance : nous
sommes arrivés à ce résultat, à savoir que l'enfant
acquiert par la naissance le *jus originis* là où le père
possède ce droit, il nous reste à déterminer l'étendue
d'application de ce principe.

Il est certain et c'est une conséquence diamétra-
lement opposée à celle qui dérivait de la première
théorie, que le père pouvant avoir plusieurs *patriæ,* le
fils peut également rien que par la naissance en acquérir plusieurs. Voilà pourquoi les *origines,* ne se

perdant presque jamais comme nous le verrons tout
à l'heure, vont sans cesse en augmentant dans une
même famille. Certains glossateurs ont sur ce point
fait preuve de bien peu de pénétration ; après avoir
posé ce principe que l'enfant suit l'*origo* de son
père, ils lui dénient la jouissance des *jura originis*
de son aïeul, parce que sans cela, dit-il, il faudrait
remonter jusqu'à Adam et connaître le lieu de sa
naissance. Restriction singulière à coup sûr, et qui
est empreinte d'une certaine naïveté, car si le fils
suit l'*origo* de son père, le père n'a pu faire autrement que de remonter à son grand-père, etc.
Point n'était besoin d'une grande perspicacité
pour arriver à ce résultat, et si cette manière d'o-
pérer obligeait à remonter *in infinitum* il ne faut
pas oublier que cela ne présentait pas en fait de
grands inconvénients. Les familles restaient dans les
mêmes villes et il n'y avait guère de déplacements ;
enfin la manière dont se prouvait la *jus originis* s'ac-
commodait assez de cet état de choses.

2° Deuxième moyen d'acquérir le *jus originis :*
l'adoption.

En principe, l'effet général de l'adoption, du
moins avant Justinien, est de faire sortir l'adopté
de sa famille naturelle en effaçant tous les effets de
la filiation originaire, et de le faire entrer dans la famille de l'adoptant, où il acquiert tous les droits
qu'il a perdus dans sa famille naturelle.

Tel est à un point de vue général, et sans tenir compte de quelques exceptions de détail, le principe de la législation romaine : comme conséquence de cette idée il eût fallu admettre que l'adoption effaçait le *jus originis* transmis du père au fils, et lui faisait acquérir la *patria* de l'adoptant. Telle eût été la solution logique, mais on avait à s'inspirer de considérations d'un autre ordre. C'était en effet un principe universellemement admis, que le *jus ori-riginis* ne pouvant se perdre par la seule volonté de celui qui en jouit, parce que c'eût été un moyen aisé et commode de se débarasser du fardeau de certaines fonctions publiques, et il était à craindre que dans ce but on n'ait recours à l'adoption. Or, comme toute adoption eût été pour ce motif justement suspecte, et que le droit ne pouvait s'accommoder de cet état de choses, on décida que l'adopté serait bien *civis* de la ville dont son père adoptif était originaire, mais qu'il continuerait aussi à jouir du *jus originis*, et à participer aux charges publiques dans la *patria* de son père naturel.

Là où la question aurait pu paraître plus complexe, c'était lorsqu'il s'agissait du fils de l'enfant adopté. Devait-on adopter la même règle et lui faire suivre l'*origo* de son aïeul naturel ? La raison qui avait fait édicter cette disposition n'existait plus, et il n'y avait pas de fraude à craindre de sa part, puisqu'il ne

s'était pas adjoint à la famille adoptive, mais qu'il
y était né. Cependant la solution affirmative préva-
lut, une constitution d'Antonin-le-Pieux (1), décida
que le fils de l'adopté suivant l'*origo* de son aïeul
naturel, et c'était d'ailleurs parfaitement logique,
car indépendamment de toute idée de fraude, on
ne faisait que rentrer dans le droit commun qui
voulait que le fils suivît les différentes *origines* du
père, quelle qu'en eût été la source première.

Ainsi critiquerons-nous en passant la manière de
voir de Perez, qui restreint l'application de la constitution d'Antonin au cas où l'enfant était né sous la
puissance de l'aïeul naturel, c'est-à-dire avant l'adoption. Dans l'espèce que vise Perez, la solution est
donnée par la loi 40, *ff. de adopt.* qui décide que les
enfants de l'adopté existant au moment de l'adoption restent sous la puissance de leur aïeul naturel
et demeurent absolument étrangers à leur père : pas
de doute qu'ils conservent dans ce cas le *jus originis* de
leur aïeul naturel. La constitution d'Antonin eût été
complètement inutile si elle avait visé cette espèce
particulière qui ne peut prêter à discussion.

Autre question. — Que se produit-il lorsque le
père adoptif émancipe l'enfant qu'il a fait entrer
dans sa famille ? Hermogénien (2) répond que dans
ce cas le fils adoptif cesse d'appartenir à la *civitas*

(1) Loi 17, ff 9. L. 1.
(2) Loi 16, ff L, 1.

de l'adoptant. Tout en la constatant, nous avouons pour notre part ne pas comprendre cette décision, car si on admettait que l'adopté conservait l'*origo* de son père naturel parce qu'il était à craindre que par le fait de l'adoption il ne fit fraude aux obligations qui dérivaient de cette première attache, il eût été logique d'aller jusqu'au bout, et de dire que l'émancipation pouvant être elle aussi entachée de fraude, il était juste de déclarer que l'enfant émancipé conserverait malgré cela l'*origo* de celui qui avait été son père adoptif. Quoiqu'il en soit, le texte de d'Hermogénien est formel, et nous n'avons qu'à constater le manque de logique de la solution qu'il contient.

Pour en terminer avec cet effet de l'adoption, relevons encore une erreur du même Perez, qui assimile à l'enfant adopté qui acquiert une nouvelle *origo*, le moine dans ses rapports avec le *monasterium*. Ce point de vue, nous paraît être de tout point inexat : le *monasterium* constitue un *domicilium*, même un *domicilium* de droit, c'est possible ; mais quant à voir dans la profession monastique un mode d'acquisition nouveau du *jus originis*, c'est une interprétation toute de fantaisie et qui ne s'appuie sur aucun texte.

3. Affranchissement.

L'affranchissement procure à l'esclave la vie ci-

vile : cette idée explique pourquoi l'affranchi qui
emprunte le nom du maître auquel il est redevable
de cette naissance à la vie civile, suit également son
origo,

Cet effet est produit, quel que soit le mode d'affranchissement employé, que l'esclave soit citoyen
romain, ou qu'il soit Latin Junien. Voilà le principe, passons à ses principales applications.

Le *manumissor* a-t-il plusieurs *origines ;* l'esclave
les acquiert toutes ; il en est encore de même lorsqu'il appartient à plusieurs maîtres, et qu'il est
affranchi par chacun d'eux.

Mais de qui l'esclave suivra-t-il la condition lorsque l'affranchissement a eu lieu par fidéicommis ?
Il semble qu'il y ait eu à cet égard des hésitations
dans la doctrine romaine, et on en conçoit facilement le motif. Sans doute c'est l'héritier ou le léga-
taire qui est le *manumissor,* c'est lui qui a conféré
la liberté, et qui à un point de vue strict devrait
être considéré comme patron. Mais d'un autre côté,
peut-on dire qu'il a donné la liberté, puisque il
était obligé d'affranchir? Il n'a fait autre chose que
d'accomplir un acte auquel il était tenu, et cela est
tellement vrai que s'il s'y était refusé, il y eût été
contraint par le préteur. Le patron c'est celui qui
donne gratuitement la liberté, ce n'est pas celui qui
n'affranchit que contraint et forcé. Il y a des textes

au Digeste qui se font l'écho de cette manière de raisonner, notamment la loi 24, ff XXVII, 1, de même la loi 29, ff XXXVIII. 2. Cependant la doctrine contraire a certainement prévalu (Ulpien, II, 8), et en ce qui concerne notre matière spéciale, une constitution, la loi 2, C. X, 38 a décidé que l'affranchi par fidéicommis suivrait l'*origo* du *manumissor*. Il semble qu'on se soit inspiré de la volonté du testateur pour en décider ainsi. En tout cas, le fait même qu'une constitution est intervenue pour trancher cette question, paraît indiquer qu'elle faisait encore difficulté au IIIᵉ siècle.

Tous ces différents points ne sont pas applicables aux affranchis deditices, qui, du moins jusqu'à Justinien, n'appartiennent à aucune cité déterminée : ils n'ont donc pas l'*origo* de leur *manumissor*. Mais d'autre part, on sait (Gaius I, 68) que leur condition n'était pas héréditaire, et que leurs enfants pouvaient être citoyens, c'est ce qui se produisait quand une *civis romana* épousait un deditice, qu'elle croyait citoyen ou Latin Junien. Dans ce cas l'enfant qui naissait citoyen romain suivait-il l'*origo* du patron *manumissor*? Deux textes (1) déclarent que l'*origo* du patron appartient à l'affranchi, et aux enfants de l'affranchi. Or cette double affirmation était inutile à exprimer,

1, Lois 6, § 3. ff L. 1, et 22 pr. cod. tit.

elle était évidemment sous-entendue dans tous les cas où l'affranchi avait l'*origo* du patron, puisqu'il est de principe que le fils ne fait que suivre la condition du père. On pourrait donc peut-être prétendre que ces deux textes ont visé le cas ou l'affranchi ne pouvait pas acquérir le *jus originis*, mais où son fils y est appelé; faute de quoi, ils contiendraient chacun une inutilité.

Nous ne sommes cependant pas bien certains qu'il en ait été ainsi, et cela parce que si *l'erroris causæ probatio* pouvait conférer au fils la cité romaine, elle ne donnait au père aucun droit sur son enfant, pas même la puissance paternelle; que d'autre part, le *jus originis* suppose nécessairement le lieu familial, et qu'il n'y a absolument rien qui soit de nature à établir un rapport entre cet enfant et le *manumissor*. Remarquons enfin que comme il est né *ex justis nuptiis*, il ne suivra pas, du moins en thèse générale, l'*origo* de sa mère, il pourra donc ne pas avoir d'*origo naturalis*.

4. *Allectio,*

Cette manière d'acquérir le *jus originis* ne nous est indiquée que par un seul texte, c'est la loi 7, C. X, 39, qui est ainsi conçue : *cives quidem origo, manumissio, allectio vel adoptio : incolas vero... domicilium facit.*

Ce texte ne nous paraît pas d'ailleurs entouré de

toutes les garanties d'authenticité désirables. Dans plusieurs manuscrits le mot *vel* manque, dans d'autres il est remplacé par *atque*, dans un autre enfin par *id est* ce qui ferait du terme *allectio* un synonyme du mot *adoptio*. C'est d'ailleurs le sens étymologique de cette expression, et si on la comprenait ainsi, on s'expliquerait aisément le silence des autres textes.

D'après A. Perez, *allectio* serait synonyme de *electio* et le mot *domicilii* étant sous-entendu, nous nous trouverions en présence d'un établissement de domicile. Ce serait en somme l'acquisition de l'*origo* par l'incolat, ce qui est contraire et à l'esprit et à la lettre du texte envisagé dans son entier.

Nous préférons nous rallier à l'opinion généralement admise, qui considère l'*allectio* comme une collation du droit de cité, opérée par la volonté libre des magistrats municipaux. Nous verrons plus loin que certains avantages étaient attachés au titre de *municeps*, avantages que ne procurait pas le simple domicile, et qui pouvaient faire désirer le *jus originis* ; d'autre part, certaines cités conféraient ce droit à titre honorifique, quand elles ne le vendaient pas, ce qui se voyait quelquefois, surtout en Grèce. Tout ce qu'on peut conclure du silence du texte du Digeste, c'est que l'*allectio* ne s'introduisit qu'assez tard, ou du moins que cette institution n'acquit qu'à une époque relativement récente, un caractère de généralité suffisant pour être mentionnée dans une théorie du *jus originis*.

En tout cas, le texte du Code est formel, et quant à son interprétation, elle ne saurait faire difficulté pour nous. Il suffit de le rapprocher du passage des Basiliques qui lui correspond, et dont voici les termes : το εναπογραφηναι τοις πολιταις, το εις δησιν εν εκεινη τη πολει... *per inscriptionem in numerum in eadem civitate institutam*. C'est ainsi que le poète Archias avait été, d'après ce que nous dit Cicéron (1), inscrit sur les registres d'Héraclée, et était ainsi devenu citoyen de cette ville. Ce n'est pas, d'ailleurs, le seul exemple d'*allectio* que nous fournissent les historiens ; Tacite en mentionne deux dans ses *Annales* (IV, 43) et les monuments épigraphiques nous en révèlent quelques applications. L'un d'eux est ainsi reproduit dans le recueil d'Orelli, n° 3711 :

C. VMBRICIVS C.F. SCA. CANSO COLON. ADLECT
D.D FLORENT SIBI ET VOLTVRNIÆ C. FILIÆ
TERTVLLÆ VXORI.

Cet usage, d'ailleurs, ne fit que se généraliser et c'est l'*allectio* transformée qui, dans le plein épanouissement de la vie municipale, constituera plus tard la collation des lettres de bourgeoisie.

(1) *Pro Archia poeta*, III.

CHAPITRE III.

EFFETS DE L'ORIGO.

Les effets de l'*origo* sont au nombre de trois :

1° Obligation de participer aux charges municipales.

2° Attribution de compétence.

3° Soumission au droit local.

Ces trois effets sont également la conséquence
principale du *domicilium,* mais ce n'est pas à dire
qu'il y ait à ce point de vue assimilation complète
entre le *jus originis* et le *jus incolatus.* Nous verrons qu'en outre de certaines différences de détail,
il y a des effets du *domicilium* qui ne s'exercent
que subsidiairement, et tout au moins sont subor-
donnés à la non existence de l'*origo.* Nous aurons
d'ailleurs occasion de revenir sur ce point.

I. — Le premier effet de l'*origo* est d'assujettir le
municeps aux charges municipales, aux *munera.*

Le principe est posé par plusieurs textes, notamment la loi 22 § 2 ff L. 1. La seule difficulté con-

siste à savoir ce que comprend exactement cette obligation. Il y a tout un titre (1) au Digeste sur cette matière, ce qui nous permet de poser quelques distinctions.

Les *munera* sont ou *privata* ou *publica*. Les *munera privata* sont du domaine du droit privé, nous n'avons pas à nous en occuper. Les *munera publica* ou *civilia* sont les charges qu'impose le droit de cité ou le domicile établi dans une ville. Ils se divisent eux-mêmes en trois catégories :

a) Munera personnalia. Ce sont des charges qui exigent de la part du titulaire des soins, des études, une attention suivie, par exemple, la tutelle, les différentes curatelles, l'obligation d'être *syndicus* ou *defensor civitatis*, etc... Elles sont imposées à la fois aux *municipes* et aux *incolœ*, c'est-à-dire qu'on peut y être tenu là où l'on a l'*origo*, et là ou l'on a un *domicilium*.

b) Munera patrimonii. Ceux-ci s'apprécient toujours en argent : c'est une pure dépense. Tels sont en général les principaux impôts, l'obligation de paver les routes, les réquisitions de logements, de moyens de transport, etc... A l'encontre de ce qui a lieu pour les précédentes, ces charges sont supportées par les *incolœ*: celui qui n'a que l'*origo*

(1) *De muneribus et honoribus*, L. 4.

dans une cité sans l'habiter, n'y est pas soumis. La loi 29 ff. L. 1 est sur ce point trop affirmative, elle doit être corrigée par la loi 14. § 2 ff. L. 1. Voilà une première différence à ce point de vue entre l'*origo* et l'*incolatus*.

c) Munera mixta. Ils consistent en principe dans l'accomplissement de certains faits, mais sont susceptibles de se résoudre en déboursés, de se convertir en prestations d'argent. Le plus important est la fonction de décurion qui impose l'obligation de répondre sur ses biens propres du montant des impôts que les administrés n'ont pu verser. Comme les premières, ces charges sont imposées tout à la fois aux *municipes* et aux *incolæ*.

Comme on le voit, si ces charges pesaient sur ceux qui avaient dans les villes droit de cité ou domicile, il s'en fallait de beaucoup que ce fût dans l'intérêt exclusif des villes, car en raison du développement de la vie municipale dans les provinces et de l'affaiblissement progressif du pouvoir central, les empereurs trouvèrent commode d'imposer aux villes ce qui eût été du ressort de l'administration publique. C'est ainsi que le recrutement, la remonte des troupes, les services d'approvisionnement et d'habillement, et le contrôle de ces divers services, toutes ces charges incombaient aux villes. Le soin que prit Rome conquérante de laisser à chacun des

3

pays soumis une part d'autonomie, dut sans doute
faciliter les annexions, mais quand, dans les der-
niers temps de l'Empire, on ne ressentit pas les
effets d'une action centralisatrice qui aurait pu
constituer une sorte de lien, la désagrégation se fit
d'une façon d'autant plus naturelle et d'autant plus
rapide, qu'elle avait été administrativement pré-
parée.

Nous avons dit que d'une façon générale l'obligation aux *munera* existait à la charge de celui qui
avait dans une ville ou son *origo*, ou son *domicilium*.
De là découle cette conséquence qu'un même individu peut être soumis aux *munera* dans différents
lieux, puisqu'il peut cumuler plusieurs *origines*.
J'ajoute bien que ce point soit étranger à notre matière, qu'on avait fini par admettre, après quelques
hésitations, qu'on pouvait avoir plusieurs domiciles,
et que par conséquent on pouvait de ce chef encore
être tenu aux *munera* dans plusieurs localités.

Mais est-ce à dire qu'entre les *incolæ* et les *originarii*, il y ait sur ce point analogie complète, et que,
sauf l'exception déjà indiquée, ils se soient trouvés
relativement aux charges municipales sur un pied
d'égalité parfaite. Nous ne le croyons pas, et bien
que cette distinction ne se trouve clairement for-
mulée dans aucun texte, nous pensons que, contrai-
rement à ce qui a lieu pour l'*origo*, le *domicilium* qui

engendre l'obligation aux *munera* ne donne pas droit aux *honores*.

Voici la base de la distinction : *munus* désigne la charge, l'obligation pure et simple ; quand à cette charge correspondent certains droits, quand il s'y rattache une dignité personnelle, on l'appelle *honor*, telles sont les magistratures municipales, les fonctions de duumvir, d'édile, etc.

Les textes font très nettement la distinction, et bien qu'ils n'indiquent pas d'une façon expresse ce caractère, nous croyons pouvoir affimer que le droit aux *honores* constitue le privilège des seuls *originarii*, privilège obligatoire d'ailleurs, puisqu'on était tenu d'accepter les *honores* comme de subir les *munera*.

Nous nous appuyons pour établir notre solution sur la loi 14, § 3, ff. L. 4, qui déclare que lorsqu'il s'agit de conférer une dignité, il faut prendre en égale considération et le caractère de la personne et son *origo natalium*. De même, la loi 17, § 4, ff. L. 1, réglant le cas où un même individu est appelé à la fois à remplir une dignité dans deux villes différentes, déclare qu'il faut examiner au profit de quelle ville la priorité du *jus originis* crée une préférence. N'est-ce pas dire d'une façon à peu près formelle que l'*origo* est une condition indispensable pour pouvoir aspirer aux *honores* ? Et d'autre part, nous trouvons la contre-partie de notre affirmation

dans la loi 3, C. X, 39, qui, ayant pour objet de régler la situation des simples résidents, dispose
qu'ils ne sont pas assujettis aux charges, comme le
sont les *incolæ*, et qu'ils ne peuvent aspirer aux
honneurs.

Ainsi voilà d'une part un texte, qui parlant de la
manière dont on défère les honneurs, dit qu'il faut
s'attacher à l'*origo*, et d'un autre côté, une loi qui
faisant antithèse entre les *munera* et les *honores*, ne
juxtapose qu'avec les premiers, la qualification
d'*incolæ*, qui est, comme on le sait, l'appellation de
ceux qui sont simplement domiciliés. Que peut-on
en conclure, sinon que seuls les *originarii* pouvaient
aspirer aux dignités ?

On pourrait sans doute nous opposer plusieurs
dispositions relatives aux décurions qui ne s'accor-
dent guère avec cette idée, mais il ne faut pas oublier que le décurionat fut de bonne heure une magistrature à part[1], pour laquelle, en raison des
nécessités fiscales, on fit exception à bien des principes, et on dérogea à bien des règles. Qu'y a-t-il
d'étonnant dans ce fait que les *incolæ* aient pu entrer
à la curie, quand on voit les empereurs Sévère et
Caracalla permettre aux chrétiens l'entrée de la
curie, et qu'on trouve une constitution de ces princes
persécuteurs leur éviter tout ce qui pourrait blesser
leur foi. Et d'ailleurs le décurionat constituait un

honneur d'une espèce si spéciale, qu'il était lui-
même la condition des autres honneurs (1); on ne
saurait donc se prévaloir par extension des dispositions qui lui sont applicables.

Faut-il conclure de ce que nous avons dit que les
simples *incolæ* n'étaient jamais admissibles aux honneurs? M. Houdoy, dans son ouvrage sur le droit
municipal romain, ne le pense pas; il estime que
l'aptitude aux honneurs, pouvait leur être conférée
par une décision de la curie constituant pour ainsi
dire une sorte de naturalisation. Mais le savant
auteur ne précise pas si c'est là une formalité *sui
generis* et absolument spéciale, ou bien si ce n'est
pas simplement l'*allectio*, dont il parle d'ailleurs, et
qui, en conférant le *jus originis*, emporterait par voie
de conséquence l'aptitude aux honneurs.

Rappelons en passant, ce que nous avons dit
plus haut, que s'il peut y avoir cumul d'*origines*, il
ne peut y avoir cumul d'*honores*, l'*origo* le plus ancien étant une cause de préférence. Il ne semble pas
d'ailleurs que cette prohibition se soit étendue aux
magistratures romaines. Nous avons pour le prouver
l'exemple de Milon qui briguait le consulat, alors
qu'il occupait à Lanuvium la dignité de dictateur.

Avant d'en finir avec ce premier effet du *jus ori-*

1. Loi 7 § 2, ff. de decur. L. 2.

ginis, nous devons signaler différentes causes qui y mettaient obstacle et constituaient de véritables exemptions, ou plus exactement des immunités, puisqu'elles dispensaient des *munera.* C'était l'âge, les infirmités, la pauvreté notoire et reconnue, l'absence, l'exercice de la profession militaire, le fait d'avoir un certain nombre d'enfants, l'exercice de certaines professions dites aujourd'hui professions libérales, et de certaines dignités. Nous n'entrons pas, on le comprend, dans l'examen de ces différents points qu'il suffit de signaler.

2° Attribution de compétence.

Le droit romain avait édicté en matière de compétence le principe qui est encore aujourd'hui inscrit dans notre législation, et qu'il formulait dans ce brocard resté classique : *Actor sequitur forum rei.* Sans doute cette règle alors, comme aujourd'hui, n'était pas absolument exclusive, mais elle formait en tout cas le droit commun et s'appliquait à la généralité des cas.

Le *forum rei,* c'est le lieu où le défendeur a le *jus originis,* c'est aussi le lieu où il est domicilié. La seconde partie de cette proposition est si souvent relatée dans les textes qu'il est inutile de s'y arrêter. Quant à la juridiction du lieu d'origine, elle est affirmée par un texte de Gaius la loi 29, ff. L. 4, 1. *Incola parere debet, apud quos incola est, apud quos civis erit ;*

le texte est formel, il pose le principe sans qu'aucun doute puisse s'élever sur son interprétation.
Mais il faut cependant le reconnaître, la solution est
unique (1), et cela alors que dans des espèces nombreuses, nous voyons au Digeste les jurisconsultes
romains, s'occupant de la juridiction personnelle,
citer toujours le *forum domicilii*. parfois le *forum con-*
tractus, mais jamais le *forum originis*. Comment expliquer cela ?

M. de Savigny attribue ce silence au régime particulier des villes de province, dans lesquelles les
magistrats n'avaient point de juridiction : le domicile eût alors été attributif de la juridiction du lieu-
tenant impérial. Ce n'est qu'en Italie seulement,
ajoute l'éminent auteur, que la règle de la double
compétence aurait reçu son application.

Sans contester l'exactitude de ce point de vue,
que d'ailleurs M. de Savigny lui-même ne propose
qu'avec une certaine réserve, puisqu'il reconnaît
que plusieurs provinces, la Sicile notamment, avaient
conservé une organisation judiciaire, nous croyons
que le silence du texte trouve surtout sa raison d'ê-
tre dans le côté pratique des choses. Qu'est-ce en
effet que l'*origo* ? C'est un lien de droit, difficile à
constater, souvent inconnu des tiers, et qui eût été

(1) La loi de Malaga, chap. 65, reconnaît également cette compétence.

en tout cas difficile à prouver. L'existence du domicile, au contraire, est aisée à constater, aisée à prouver ; par conséquent l'assignation au lieu du domicile, était infiniment moins dangereuse. De plus le défendeur est généralement présent au lieu de son domicile, c'est là qu'il a ses intérèts, c'est là aussi que la décision du juge sera le plus facilement exécutée. On conçoit donc très bien qu'à ces différents égards, la compétence du domicile ait été dans la pratique toujours préférée à celle de l'*origo*, et que les diverses consultations (1) qui nous sont rapportées à propos d'espèces particulières, aient toujours indiqué le *forum domicilii* et non le *forum originis*.

Il y avait au principe que l'*origo* fixait la compétence, une exception pour la ville de Rome. Après l'Edit de Caracalla, l'*origo* que chaque individu avait à Rome, n'y fixait pas compétence générale. Les étrangers ne pouvaient être assignés à Rome que lorsqu'ils s'y trouvaient accidentellement, et sous la réserve de nombreuses exceptions, toutes comprises sous le nom de *jus revocandi domum* (2).

3° Soumission de la personne au droit local.

L'attribution de juridiction appelle après elle l'application de la loi territoriale. C'est qu'en effet le magistrat est institué pour appliquer la loi de son

---

(1) Lois 9, § 4, et 29, § 4, ff. V, 2.
(2) Loi 28, § 4, ff. IV, 6. Lois 2, § 36 ; 24 et 28, ff. V, 1.

pays, et en dehors d'un ordre spécial qui constitue
une sorte de promulgation de la loi étrangère, on
conçoit difficilement qu'on puisse lui demander de
connaître la loi étrangère et de la mettre à exécution. Juridiction et droit territorial sont des notions
qui se complètent, et ne sont que les deux faces
de la même idée.

L'*origo* étant attributif de droit est donc le critérium à consulter, lorsqu'il s'agit de savoir quelle loi
il faut appliquer ; mais comme le domicile engendre
également cet effet, on conçoit qu'un conflit puisse
s'élever, si un individu a le *jus originis* dans une
ville, et se trouve domicilié dans une autre. Sur ce
point, silence des textes ; comment résoudre la
question ?

M. de Savigny soutient que c'est le droit de cité
qui fixe, par préférence au domicile, le droit local qui
doit régir la personne dont l'état est en question ;
le domicile ne produirait cette détermination que
subsidiairement, et pour les individus qui n'ont pas
d'*origo*. Il appuie cette solution sur une double considération :

Le droit de cité est, dit-il, un lien supérieur, indé-
pendant de la volonté, tandis que le domicile dépend
d'une volonté arbitraire ou capricieuse. Faire du domicile le critérium à suivre, c'est enlever tout caractère de fixité à la loi personnelle de l'individu.

Il ajoute que le droit de cité étant plus ancien, puisqu'il remonte à la naissance de l'individu, et qu'il existait déjà avant toute prise de domicile, on ne voit aucune raison de changer la loi applicable à l'individu. Et à l'appui de son opinion, il invoque deux textes qui supposent une corrélation étroite entre le droit auquel l'individu était soumis, et celui de la cité à laquelle il appartenait. *Sponsoris hæres non tenetur... si alio jure civitas ejus utatur,* dit Gaius. Comment. III, § 120, et *testamentum facere non potest is... qui dedititiorum numero est... quoniam nullius certæ civitatis civis est, ut adversus leges civitatis suæ testetur.* Ulpien, Reg., XX, § 14.

L'opinion de M. de Savigny nous paraît rationnelle, et nous sommes, pour notre part, assez disposés à l'admettre ; nous lui ferons cependant le reproche d'être trop générale, et de regarder comme un principe absolu ce qui constitua seulement une vérité de circonstance. Oui, sans doute, l'*origo* est plus immuable et plus ancien que le domicile ; et à cet égard, il est parfaitement logique de le lui préférer ; sans doute, certains textes se concilient avec cette manière de voir, et il n'est pas douteux qu'on s'en soit inspiré, mais il est bien certain aussi que ce ne fut pas un principe universellement admis, que ce ne fut pas une règle de droit. Il n'y a pour s'en convaincre qu'à examiner la situation de l'é-

tranger domicilié à Rome. On lui appliquait toutes
les lois dites aujourd'hui de police et de sûreté,
toutes celles qui avaient pour objet de régler une
matière d'ordre public, comme les lois sur l'usure.
Quant au droit privé, on ne lui appliquait presque
jamais son droit national, on n'admettait à Rome
l'application de la loi étrangère, que lorsqu'il s'agissait de rapports entre pérégrins de la même nationalité. Hors ce cas, on appliquait le droit romain
lorsqu'il s'agissait d'un individu ayant son *origo*
dans une cité dépendante de Rome ; quant à celui
qui avait l'*origo* dans une cité libre, indépendante, il
jouissait seulement du *jus gentium*. Aussi, a-t-il fallu
un sénatusconsulte en 576, pour accorder à trois
étrangers, Asclepiade de Clazomène, Polystrate de
Caryste, et Meniscus de Milet, le droit d'être jugés
à Rome suivant leurs lois nationales, en récompense
de services spéciaux. Il est très probable. d'ailleurs,
que plus tard, il y eut un assez grand nombre de
concessions de ce genre faites aux provinces et aux
cités, mais en principe, on le voit, nous sommes assez loin de la conception générale de M. de Savigny.

Le *jus originis* produit donc, en résumé, trois effets
que nous avons examinés ; ces trois effets lui sont
communs avec le domicile, sauf les différences qui
suivent :

1° L'*origo* n'oblige pas à tous la *munera patrimonii ;*

2° L'*origo* donne droit aux *honores ;*

3° L'*origo* détermine la loi applicable à l'individu de préférence au domicile, sauf les réserves que nous avons faites.

Ce court parallèle étant nécessaire pour empêcher toute confusion entre ces deux rapports de droit, qui ont ensemble des points de contact nombreux, mais que le cadre restreint de cette étude ne permet pas d'étudier en même temps.

CHAPITRE IV

La loi 38 § 5 à notre titre détermine, mais d'une façon assez vague, la nature des preuves admissibles, lorsque quelqu'un revendique la qualité de *municeps*, ou que cette qualité est contestée à une personne qui en jouit.

Il faut, dit ce texte, en chercher les éléments *ex ipsis rebus*, ce qui revient à dire, dans les différents faits dont on peut induire l'existence de l'*origo*. On comprend que nous ne puissions donner une énumération de ces faits qui peuvent être fort nombreux, nous nous bornons à citer quelques exemples. Ainsi l'un des aïeux de la personne dont l'état est en question a exercé une magistrature dans la cité, ou bien cette personne elle-même, bien que n'y étant pas domiciliée et y étant actionnée, n'a pas excipé l'incompétence, ou encore il s'agit d'un individu qui a la possession d'état d'*originarius*, et ce devait être en fait la situation la plus fréquente.

Quoiqu'il en soit, il y a une hypothèse sur laquelle le texte statue, c'est la preuve que l'on pourrait tirer de la ressemblance des noms.

Aux termes d'une constitution de Marc Aurèle et Lucius Verus, l'identité de nom existant entre un *municeps*, et celui qui se prétend tel, n'opère pas preuve complète. En effet, si dans le principe, et par suite de la difficulté des déplacements, les familles se développaient dans les mêmes cités, plus tard, les communications devenant plus faciles, les changements de lieux devinrent plus fréquents, et le nom qui ne pouvait même plus déterminer avec certitude les attaches familiales, ne devait pas être considérée comme suffisant pour établir un lien politique.

En outre de ce sens, qui nous paraît être celui que comporte la loi 38 § 5 n. t, il en est un autre moins littéral peut-être, mais au regard duquel on comprendrait mieux l'intervention d'un texte spécial.

Il s'agit des noms de personne, exprimant la provenance, l'origine de celui qui les porte. Tel était le nom de Tusculanus, et autres; ces noms portaient en eux-mêmes, la mention de *l'origo* de celui qui les portait ; fallait-il les considérer comme des indices suffisant d'une *origo* plus ou moins ancienne? Quoiqu'au premier abord, il semble que les noms ainsi envisagés aient dû constituer une preuve,

puisqu'ils ne se comprendraient pas s'ils n'avaient
pour cause l'origine primitive de celui qui les porte,
nous ne croyons cependant pas qu'on leur ait ac-
cordé une foi pleine et entière, et cela parce qu'à
Rome, à l'encontre de ce qui a lieu de nos jours, le
nom ne constituait pas une propriété incommutable.
Les changements de noms étaient assez fréquents,
rerum vocabula incommutabilia sunt, dit un texte, *ho-
minum mutabilia*, et il y a au code une constitution
(IX, 25), qui autorise ouvertement les changements
de noms, laissant chacun libre sur ce point d'en
agir à sa guise. Dans ces conditions, il nous semble
que l'on ne devait attacher aux noms d'origine
qu'une créance assez restreinte, et il ne serait pas
étonnant que le rescrit d'Antonin et de Lucius Verus fut applicable à cette hypothèse, plutôt encore
qu'à celle que nous signalions en premier lieu.

La juridiction compétente pour trancher les diffi-
cultés qui s'élevaient sur le point de savoir si quelqu'un avait ou non le *jus originis,* était celle du
prœses provinciœ. Telle est du moins le sens d'un
texte de Callistrate, mais il est presque certain que
dans le principe, ces causes durent ressortir de la
juridiction duumvirale, dont le domaine fut pendant
longtemps illimité.

En tout cas et quoi qu'il en fût, le litige était
porté devant le juge compétent, non de la ville à la-

.quelle le *municeps* prétendait appartenir, mais bien
de celle qui réclamait celui-ci, pour le faire contri-
buer aux charges municipales. Il était en effet à
craindre que les villes ne se montrassent trop dis-
posées à recevoir au nombre de leurs citoyens tous
ceux qui le désiraient, dans le but de faire contri-
buer un plus grand nombre de personnes aux charges municipales, et c'est pour empêcher cet abus
qu'Adrien établit cette compétence spéciale, qui
faisait juge de la question un magistrat naturellement enclin à la défiance (1).

)1) L. 37, ff., L. 1.

CHAPITRE V

L'*origo* étant un rapport de droit, fondé sur la nature de l'institution municipale, considérée en tant qu'extension de la famille, ne disparaît pas plus que le lien familial lui-même. Aussi n'y a-t-il pas à proprement parler de perte du *jus originis*, et les différents cas dans lesquels nous le voyons disparaître, doivent-ils être plutòt considérés comme de véritables cas de résolution.

Et tout d'abord, celui au profit duquel le droit existe ne peut y renoncer, c'est l'application la plus importante du principe que l'*origo* se transmet *ignoranti et invito*. C'est ce qu'exprime un rescrit des empereurs Dioclétien et Maximin : *Origine propria neminem posse voluntate sua eximi manifestum est.* C'est dans ce sens qu'on ne peut *recusare patriam*, ce qui signifie que la qualité de *municeps* ne se perd, ni par une renonciation, ni par l'acquisition de la même qualité dans une autre *civitas*. Il n'en

4

était toutefois ainsi, qu'autant que cette autre ville faisait partie de l'Etat romain, autrement il y aurait eu
perte du *jus originis*, parce qu'il y aurait eu perte de
la cité romaine, et c'est en ce sens que Cicéron a
pu dire : *Duarum civitatum, civis esse nostro jure civili
nemo potest*. Encore ce principe nous semble-t-il avoir
fléchi de bonne heure, tellement qu'au Bas-empire,
les empereurs pour empêcher l'abandon des villes
et des curies crurent devoir enchaîner les *municipes*
à leur *patria* de la manière la plus absolue.

Pas plus que la renonciation, la fraude ou l'erreur ne pouvaient être des causes de disparition du
jus originis, aussi à ce point de vue, on peut dire que
ce droit était insusceptible de prescription.

L'*origo*, avons nous dit, disparaît dans certains cas
plutôt par suite d'une résolution que d'une véritable
perte. Ces cas peuvent se ramener à trois :

Le premier est celui où l'enfant adopté se trouve
émancipé par l'adoptant, *cessante causâ, cessat effec-
tus*. L'adopté sort de la famille, il en perd l'*origo* :
rien de plus naturel. Nous avons cependant ob-
servé plus haut (chap. II) que le législateur qui s'est
préoccupé des fraudes que pouvait couvrir l'adoption,
ne semblait pas s'être rendu compte du danger que
l'émancipation pouvait présenter à ce même point
de vue. C'est une question sur laquelle nous ne re-
venons pas.

En second lieu, la légitimation fait perdre à l'enfant l'*origo* de sa mère, en lui faisant acquérir celui du père. Il n'en est pas ainsi cependant, lorsque par suite d'un privilège spécial, la *civitas* de la mère peut se transmettre par les femmes. Sur ce point encore nous renvoyons à nos explications du chapitre second.

Le *jus originis* peut disparaître encore par l'effet de l'*erroris causæ probatio*. Une Romaine ignorant sa nationalité épouse un pérégrin ; il ne peut y avoir entre eux de *justæ nuptiæ*. Mais on présume que si la femme avait connu sa véritable qualité, elle eût voulu épouser un citoyen romain, et son erreur une fois prouvée, elle acquiert par un bienfait de la loi, la cité romaine pour elle et son mari, et la transformation de leur union en *justæ nuptiæ*. Il en résulte que le père acquiert la puissance paternelle sur son fils, lui transmet son *origo*, et que celui-ci, c'est là la conséquence à laquelle nous voulions arriver, perd l'*origo* de sa mère que sa qualité d'enfant né au dehors des *justæ nuptiæ* le destinait à suivre. Ici comme dans le cas précédent, la règle reçoit exception quand la *civitas* de la mère jouit d'un privilège particulier.

Tels sont les différents cas où le *jus originis* se perd d'une façon principale, il peut en outre disparaître d'une manière accessoire, et c'est ce qui se produit par l'effet de la *maxima* et de la *media capitis deminutio.*

L'individu réduit en esclavage perd le droit de bourgeoisie ; mais au cas où la *maxima capitis deminutio* provient de la captivité chez l'ennemi, la fiction du *postliminium* produisant effet, le *jus originis* peut se trouver récouvré par le retour du captif, et cela serait, alors même que l'ancien captif ne retournerait pas dans la ville dont il est originaire (1). De même l'individu qui était déporté, celui qui était *interdictus aquæ et igni,* ou qui échappait par un exil volontaire à une condamnation inévitable, étaient aussi dépouillés accessoirement du droit de bourgeoisie ; mais le déporté pouvait recouvrer tous les droits qu'il perdait par le rappel du prince. Cette *restitutio* ne rendait les droits civils que pour l'avenir, à moins qu'elle eût lieu *per omnia,* auquel cas le déporté reprenait son ancien état.

Quant à la *minima captis deminutio,* on ne peut dire qu'elle n'entraînait jamais la perte de l'*origo.* Cette affirmation serait trop absolue ; nous avons vu en effet que la légitimation pouvait avoir ce résultat, ce qui est vrai, c'est qu'il n'en est jamais ainsi en cas d'adoption ou d'adrogation, qui sont les

(1) L. 17, § 6, ff, L. 1.

cas les plus fréquents de *minima captis deminutio.*

Tels sont les seuls cas dans lesquels l'*origo* dis-
paraissait soit principalement, soit accessoirement;
voici pour terminer deux hypothèses, dans lesquelles l'*origo* continue à subsister, mais sans produire ses effets les plus importants.

Les *municipes* élevés à la dignité sénatoriale
conservent leur *origo*, mais ils sont exempts des
charges municipales, ils restent seulement aptes
aux honneurs; leurs descendants jouissent également
de ce privilège (1).

La condition de la femme qui se marie est ana-
logue; elle n'est pas, tout en conservant le *jus originis*, soumise aux *munera,* pourvu toutefois qu'elle
ait contracté un *matrimonium legitimum* (2).

Tels sont les principaux caractères du *jus originis.*
La vie municipale, d'abord conservée par politique,
puis diminuée par la centralisation impériale, re-
prend un nouvel élan au déclin de l'empire. L'in-
vasion des Barbares la soustrait pendant quelque
temps aux regards, mais en même temps lui infuse
une nouvelle sève, qui lui permet de prendre au
moyen âge, en Italie surtout, sa plus grande ex-
pansion. Le *jus originis* change de nom, mais n'en

(1) L. 23. pr. ff. L. 1; L. 22 § 4 cod. tit.
(2) L. 38 § 3. ff. L. 1.

subsiste pas moins, et il arrive jusqu'à nous sous le
nom de droit de bourgeoisie. Ce n'est plus alors
l'idée de famille qui en est la base, c'est l'idée de
protection mutuelle, et nous avons ainsi une fois
de plus le spectacle de cette évolution permanente
des institutions, qui tendent toujours à se trans-
former, et à s'harmoniser avec les besoins des sociétés sur lesquelles elles exercent leur action.

DROIT FRANÇAIS

DES REPORTS

CHAPITRE I.

NOTION DU REPORT — SON UTILITÉ — SA NATURE JURIDIQUE

Le mot Report reçoit dans la langue juridique diverses acceptions qu'il importe avant tout de bien dégager, de manière à éviter toute confusion.

On appelle Report ou quelquefois Marché-Report, l'opération qui consiste à acheter au comptant d'une personne des valeurs, et à revendre immédiatement les mêmes titres, soit à cette même personne soit à une autre.

On appelle encore Report, l'écart qui existe entre les deux cours d'une même valeur suivant que l'on considère le cours au comptant ou le cours à terme ; le mot report est dans ce sens, corrélatif du terme

déport. Il y a report ou déport, suivant que, par
suite de l'abondance des titres ou de l'argent, le
cours au comptant est plus bas ou plus élevé que le
cours à terme.

Le mot Report comporte encore un autre sens,
que nous indiquons seulement pour mémoire ; bien
qu'appartenant à la législation commerciale, il est
absolument étranger à notre matière. C'est l'errement
de procédure qui consiste, de la part d'un Tribunal
de Commerce, à avancer d'une date à une autre,
l'époque précédemment fixée par lui pour la cessa-
tion des paiements d'un failli : c'est le report de
faillite.

Ce qui fait l'objet de cette étude, c'est le marché-
report, opération à laquelle les agissements actuels
du marché financier donnent une certaine importance, et qui nous semble d'autant plus digne d'être
étudiée, que la jurisprudence et les auteurs ne pa-
raissent pas avoir en cette matière un corps de doctrine complet, et qui soit surtout en rapport avec les
données et les habitudes de la pratique.

Le marché-report ou plus simplement le report
est, disions-nous, l'opération qui consiste à acheter
au comptant et à vendre immédiatement à terme
les mêmes titres. Celui qui achète au comptant, ou
en liquidation courante, et revend à terme, soit
pour la liquidation suivante, s'appelle le reporteur,

celui qui vend au comptant et rachète à terme, est
le reporté.

Voici un exemple d'une opération de ce genre : le
6 janvier, j'achète à terme fin janvier de la rente
4 1/2 au cours de 110, soit pour un capital de
110,000 francs, 4,500 francs de rente. Je désire conserver cette situation d'acheteur, et cela peut-être
pour un grand nombre de raisons dont nous indiquerons plus loin les principales. Etant acheteur fin
du mois, il me faut naturellement prendre livraison
des titres à la liquidation de janvier ; je pourrai
éviter ce résultat en les faisant reporter le 1ᵉʳ février,
ou plus exactement, à la première Bourse de février ; je les vends au comptant et simultanément je les rachète fin du mois de février. Sans
doute j'aurai payé la différence qui existe entre
mon prix de vente et mon prix d'achat. Cette différence constitue le taux du report et nous verrons
plus loin quelle est la loi de ses variations. Mais en
définitive j'aurai atteint mon but : j'aurai conservé
ma situation d'acheteur.

Voilà un premier exemple de report. Il ne revèle
que le côté mécanique de l'opération, sans en indiquer la raison d'être. Pour se rendre compte de
l'emploi du report, et comprendre sa variété d'applications, il faut examiner le rôle que joue cette
opération dans les transactions journalières du

marché financier et l'utilité incomparable qu'elle présente.

Le premier avantage du report, c'est celui que nous laissions entrevoir plus haut, est de permettre à l'acheteur à terme de ne pas prendre livraison en liquidation, des valeurs qu'il a achetées. On comprend en effet qu'un acheteur puisse désirer vivement ne pas être obligé de lever les titres à un moment donné. C'est ce qui se produira, lorsque par suite d'évènements quelconques, il n'a pas à ce moment de fonds disponibles pour en payer le prix ; c'est ce qui se produira le plus souvent encore, quand l'acheteur aura opéré dans un but de spéculation, et qu'au lieu de la hausse qu'il attendait, la baisse sera survenue. Quel sera dans ce cas son intérêt ? S'il reconnaît qu'il s'est trompé, ou il lèvera les titres et les paiera, ou il les revendra et supportera la différence qui existe entre son prix d'achat et le cours du jour ; mais s'il croit qu'il n'y a là qu'un mouvement passager, qu'une oscillation due à telle ou telle cause extérieure, et à laquelle doit inévitablement succéder un mouvement en sens inverse, son intérêt sera de rester acheteur aux mêmes conditions et de prolonger son opération.

Pour cela que faut-il ?

Il faut qu'il rencontre un individu, qui consente à se porter acheteur à sa place, et qui, sitôt les titres livrés, les lui revendra à terme pour l'échéance suivante, moyennant un prix plus élevé, dans notre espèce, puisque nous supposons que la spéculation est à la hausse. Cet individu que l'on appelle le reporteur, pourra être soit le vendeur primitif, soit un tiers intervenant, et rien n'empêche qu'à l'échéance suivante, reporté et reporteur ne recommencent la même opération, si tous deux y trouvent leur intérêt.

Voilà donc une première utilité du report : permettre aux acheteurs qui ne veulent pas prendre livraison, de rester acheteurs pour le mois suivant.

Voici une seconde combinaison qui correspond à la situation inverse :

Supposons un spéculateur à la baisse, qui vend fin courant des titres qu'il n'a pas. Arrive la liquidation ; au lieu de la baisse qu'il attend, survient un fort mouvement de hausse. S'il veut tenir ses engagements, il sera obligé d'acheter plus cher qu'il ne les a vendus, les titres qu'il doit livrer. Que faire en cette conjoncture ? Il cherchera quelqu'un qui désire se faire reporter, lui achètera au comptant ses titres, ce qui lui permettra de tenir ses engagements, et les lui revendra à terme, ce qui lui permettra de rester vendeur pour le mois suivant.

Voilà pour le vendeur sans titres.

Le vendeur avec titres pourra aussi y trouver son

compte. S'il se trouve, en effet, des porteurs de titres, qui attendent pour vendre, que le cours soit suffisamment élevé à leur gré, et qu'ils soient pressés d'argent, ils trouveront d'une liquidation à l'autre des vendeurs sans titres, qui les leur achèteront au comptant, et les leur revendront à terme. En fin de compte, le report aura permis au porteur de titres d'emprunter sur ses titres d'une liquidation à l'autre.

Inversement, le capitaliste qui désirera utiliser ses fonds pendant un court espace de temps, pourra assez souvent le faire d'une façon productive. Un banquier, par exemple, possède environ 800,000 fr. dont il n'aura besoin que dans un mois ou deux. Il ne peut les engager dans une affaire industrielle ou commerciale pour un si court espace de temps, d'autre part, il doit hésiter à les laisser se stériliser, puisque lui-même paie un intérêt, si modique que ce soit, à ses préteurs. Voici ce qu'il pourra faire : il achètera, par exemple, de la rente 3 0/0 à 81,05 au comptant, et la revendra de suite fin courant à un prix plus élevé, à 81.25 par hypothèse. Ses fonds seront disponibles pour l'époque où il en aura besoin, et ils lui auront rapporté sans risques, et sauf déduction du courtage, 20 centimes par 81 fr. 05 pendant un mois. Si le capitaliste n'avait besoin de ses fonds qu'au bout de deux mois, il pourrait prolonger son opération par les moyens que nous indiquerons plus loin.

Dans les différents cas que nous venons d'indiquer, la double opération de vente et d'achat a toujours lieu entre les deux mêmes personnes ; il peut en être autrement. Le vendeur au comptant et l'acheteur à terme peuvent être deux personnes différentes. Dans ce cas, il y a bien un reporteur mais il n'y a pas, à proprement parler, de reporté. De même l'acheteur au comptant et le vendeur à terme, peuvent être deux individus distincts, auquel cas il n'y a pas de reporteur.

Dans la première de ces deux hypothèses, le report sert à créer entre le vendeur au comptant et le spéculateur un intermédiaire, qui se charge des titres pendant l'intervalle de temps qui les sépare, et par là les rapproche, et satisfait aux besoins de tous deux.

Un capitaliste ayant un besoin immédiat d'argent, veut vendre comptant 250 actions du Nord.

Un spéculateur à la baisse a vendu à terme 250 actions du Nord sans les avoir réellement. Puis il juge à propos de terminer son opération par un rachat. N'ayant pas de capitaux disponibles, il ne peut songer à acheter comptant, ce qui d'ailleurs ne remplirait pas son but, puisqu'il lui suffira d'avoir les titres à la liquidation, c'est donc un achat à terme qu'il doit faire.

Pas d'opération possible entre ces deux individus.

Survient un reporteur qui achètera comptant les actions au capitaliste, les revend à terme au spéculateur, qui à la liquidation les livrera à son acheteur.

Dans la seconde hypothèse, un acheteur au comptant se trouve en présence d'un vendeur à terme. Le report fournit un vendeur au premier et un acheteur au second, et de plus l'intermédiaire, un reporté dans l'espèce, s'est procuré des fonds dont peut-être il avait grand besoin.

Voici un exemple de ce cas :

Un capitaliste veut acheter comptant 250 actions du Nord.

Un spéculateur à la hausse a acheté à terme 250 actions du Nord, la hausse est arrivée, et sans attendre la liquidation, il veut vendre.

Ils pourront traiter entre eux, s'ils rencontrent un porteur de titres, qui, pour quelqu'une des raisons que nous avons indiquées plus haut, désire se faire reporter. Il vendra comptant 250 actions du Nord au capitaliste, et rachètera pareille quantité au spéculateur.

Remarquons en passant, que le report contracté dans les différentes conditions que nous indiquons, présente l'avantage de pouvoir être annulé par le reporteur, qui a immédiatement besoin des fonds qu'il a engagés dans cette opération. Il a acheté comptant en liquidation, et vendu fin courant ; le 6 ou le 7 du mois, il a un besoin imminent et pressant de ses fonds : il vend alors au comptant les titres qu'il a achetés comptant, ce qui lui permet de retrouver ses capitaux, et achète fin courant pour pouvoir livrer à son acheteur à terme. Il soldera, sauf différence, ce second achat avec le prix de la première vente. Il aura en quelque sorte par cette combinaison, défait son report.

· Ajoutons seulement que dans cd cas, et s'il y a du report, le reporteur perd par sa seconde opération presque tout le bénéfice acquis par la première : il avait acheté moins cher qu'il n'avait vendu, il a dû, le plus souvent tout au moins, pour recouvrir ses fonds, vendre moins cher qu'il n'avait acheté. Toujours est-il que cette facilité pour le capitaliste de rentrer à un moment donné, dans ses fonds, accroît singulièrement les avantages déjà considérables de cette opération.

Ces avantages ressortent suffisamment des quelques exemples que nous avons cités : aussi le report est-il devenu l'une des opérations les plus en vogue sur notre marché financier, et cela se conçoit facilement, si l'on se rappelle par quel ingénieux, mécanisme le report vient se joindre à la spéculation à terme, la continuer et en proroger les résultats.

Il a ainsi pour eftet d'éviter quelquefois les crises, au moins de les éloigner, en tout cas d'en adoucir les résultats. Pour qui sait quel est à notre époque le mouvement du marché financier, et les effets que peuvent produire chacune de ses oscillations, le report apparaît comme une sorte de régulateur d'un maniement délicat sans doute, mais d'une efficacité incontestable.

Et à côté de ce point de vue, qui est le point de vue général et économique, il y en a un autre qu'il ne faut pas oublier. Le report présente en effet l'avantage de fournir à tout moment aux capitalistes, des placements à courte échéance et qui, nous aurons occasion de l'expliquer plus loin, rapportent parfois un émolument assez considérable, en même temps qu'ils présentent une sécurité complète. En dehors des opérations de spéculation, à qui ce dernier caractère fait absolument défaut, les placements à courte échéance, sont fort rares, et surtout fort peu productifs. C'est ce qui fait que beaucoup de capitaux restent sans emploi, parce que le risque à courir serait bien supérieur aux chances de bénéfice. Le report en faisant entrer dans la circulation tous ces capitaux qui sans lui resteraient stériles, restreint le chômage improductif de l'argent, active le mouvement des transactions, et coopère ainsi dans une certaine mesure à la grande œuvre de la production (1).

(1) Les opérations de report sont beaucoup plus anciennes qu'on ne se le figure généralement. Elles étaient autrefois l'objet d'un contrat qui porte un nom bizarre emprunté aux Arabes, le contrat Mohâtra.

Pascal est le dernier auteur qui en ait fait mention, encore a-t-il eu l'intention de le tourner en ridicule. Voici ce qu'il met dans la bouche de son interlocuteur dans sa huitième lettre à un provincial : « Je vois bien que vous ne savez ce que c'est ; « il n'y a que le nom d'étrange. Escobar vous l'expliquera au « traité III : Le contrat Mohâtra est celui par lequel on achète « des étoffes chèrement et à crédit, pour les revendre au même « instant à la même personne, argent comptant et bon marché, « par où on voit qu'on reçoit une certaine somme comp- « tant, en demeurant obligé pour davantage. — Mais, mon « père, je crois qu'il n'y a jamais eu qu'Escobar qui se soit « servi de ce mot-là, y a-t-il d'autres livres qui en parlent ? »

Nous en sommes bien fâchés pour l'éminent penseur mais cela n'est déjà pas si ridicule, et à une époque où les manifestations du crédit sont relativement si rares, nous sommes heureux de trouver un phénomène aussi curieux de la vie économique.

Pascal qui n'était certainement pas un économiste pouvait ignorer que le contrat Mohâtra avait joué un très grand rôle dans les relations commerciales. Il est arrivé bien souvent qu'un individu à court d'argent, et pour éviter d'avoir à faire un échange, une vente, ou tout autre contrat qui à un moment donné, pouvait lui être désavantageux, recourait à cette opération. Elle était tellement entrée dans les usages, que les théologiens et les jurisconsultes l'avaient analysée, et en avaient étudié les différents types.

Ou bien la marchandise était revendue immédiatement à vil prix contre paiement, à celui à qui elle avait été achetée à crédit pour un prix plus élevé, c'était spécialement et *stricto sensu* le contrat Mohâtra. Ou bien, l'achat une fois effectué la marchandise était revendue à d'autres individus, c'était le contrat

C'est assez dire que le report est dans notre système financier, un rouage qu'il serait imprudent de
vouloir enrayer, et qu'à défaut d'autres raisons, son
utilité serait à elle seule, la meilleure preuve de sa
légitimité.

Le report, en effet, a eu une large part, dans les

Barata. Enfin le contrat pouvait affecter une troisième forme
par suite de l'intervention d'un courtier.

On s'était demandé si au point de vue de la loi morale ou
positive, ce contrat devait recevoir sa pleine application. Tho-
mas Mercatus déclarait qu'à son égard le contrat était toujours
condamnable, parce que disait-il, il n'avait pour raison d'être
et pour résultat, que de procurer un bénéfice illicite. Navarrus
et Lessius au contraire, s'inspirant des nécessités de la pratique,
et des besoins d'argent auxquels à un moment donné les com-
merçants pouvaient se trouver exposés, permettaient ce contrat
sous une double condition :

1° Que le prix d'achat ou de vente restât dans les limites rai-
sonnables, et qu'il n'excédât de beaucoup, ni le prix le plus
élevé, ni le plus bas.

2° Que le contrat fût fait de bonne foi et sans fraude, de telle
sorte que chacun des contractants dans sa situation respective,
pût trouver intérêt à son exécution.

Dans ces conditions on le regardait en général, comme valable et légitime ; nous pourrions en dire autant aujourd'hui du
report.

Certaines législations civiles se montraient cependant moins
tolérantes : la législation Castillane notamment proscrivait le
Mohâtra. Peut-être l'influence sur le sol espagnol des Maures
et des Juifs, présentait-elle des dangers, contre lesquels on
a voulu se prémunir. Quoiqu'il en soit, voici le texte de cette
disposition restrictive : « Mandamus ne mercatores, neque per
« se, neque per interpositam personam, neque directe, neque
« indirecte, rursum reemant vel recipiant, quæ alicui ad credi-
« tum vendiderunt, sub pœna perditionis officiorum, et 5,000
« depondiorum, etc... »

attaques que certains publicistes ont prodigués aux
marchés à terme, et dont jusque dans ces dernières
années, la jurisprudence s'était faite le trop com-
plaisant interprète.

Comme le marché à terme, dont il n'est qu'un cas
spécial, le report à été parfois envisagé comme
constituant une opération de jeu. On lui a appliqué
cette théorie, absolument inattaquable au point de
vue pratique avant 1885, et qui admettait la validité
du marché à terme, lorsqu'il était sérieux, et que
dans la pensée des parties il devait être suivi
d'une exécution réelle, mais le considérait comme
un jeu de bourse lorsque l'opération ne devait se
régler que par le paiement d'une différence. Partant
de cette idée, on a donc distingué les reports fictifs
et les reports sérieux, et cela sans remarquer qu'en
pareille matière, il serait bien difficile que l'opération
se terminât autrement. Voici en effet conment en
1859, M. Jeannotte-Bozerian définissait les reports
fictifs : « Il en est des reports comme des marchés
« à terme. Les achats et les ventes dont ils se com-
« posent n'ont souvent rien de réel. Au moment de
« la liquidation, il n'y a ni livraison, ni paiement :
« tout se résout en différences, qui se règlent à la
« fin de chaque quinzaine ou de chaque mois » (1).

1. M. Jeannotte-Bozerian. — La Bourse. Ses opérateurs et ses
opérations, I, n° 93.

Tout cela est fort bien, mais quel est le report si sérieux qu'il soit, qui n'a pas ce caractère? C'est assez dire que cette distinction entre reports sérieux et reports fictifs, est aussi dangereuse, qu'elle est incertaine, et c'est en partant de ce principe qu'on a vu les incohérences les plus singulières se produire dans la jurisprudence.

C'est ainsi qu'il a été jugé par de très nombreux arrêts « que le report légitime en lui-même quand il « réalise l'emploi d'un capital et constitue pour « ainsi dire un véritable prêt sur nantissement, « perd ce caractère, s'il n'est plus qu'un instrument « de jeu pour le spéculateur qui paie des différen- « ces, afin d'obtenir des délais pour la réalisation « d'un marché qu'il n'a pas le moyen d'exécuter»(1).

Si l'on rapproche cet énoncé, du considérant sui- vant d'un arrêt de la cour de Paris qui dit absolu- ment le contraire : « Attendu en droit que si le re- « port a été sérieux, il ne constitue pas un contrat « de prêt, mais un contrat de vente ou d'achat « d'effets, et que par suite le prix stipulé pour l'o- « pération ne représente pas un intérêt, ou loyer « d'argent, mais bien un bénéfice résultant de la « vente ou de l'achat ; que si au contraire le report

1. Toulouse, 6 décembre 1859, et Cass. 9 mai 1857. S. 57. 2. 113, et 1.545; Cass. 27 janvier 1852. S. 54. 1. 140; Paris, 11 janvier 1870. D. P. 71. 2. 195.

« a été fictif, c'est-à-dire un véritable jeu, le pré-
« tendu prix stipulé et payé n'est plus qu'une dif-
« férence assimilable aux différences sur marchés
« à terme fictifs ordinaires, etc. » (2), on arrive à se
convaincre que cette distinction entre opérations
sérieuses et opérations fictives, était aussi dépour-
vue de critérium que de raison d'être. Elle mettait
constamment entre les mains des spéculateurs l'exception de jeu, elle constituait un moyen commode
et pratique de se soustraire aux engagements con-
tractés. Toujours au nom de l'ordre public, notion
bien contingente en pareille matière, les tribunaux
déchargeaient de toute condamnation, les gens mal-
honnêtes qui recouraient à cet expédient, conservant
toutes leurs rigueurs pour ceux que leur délicatesse
empêchait de s'en prévaloir.

La loi du 8 avril 1885, interprétative de l'art.
1965 du Code civil, a enfin fait cesser cet état de
choses, et restitué à la loyauté, un terrain qu'on lui
disputait, en déclarant valable tous les contrats
faits de bonne foi.

Voici le texte fondamental qui consacre cette in-
novation, texte applicable au report, comme à toutes autres opérations à terme.

« Tous marchés à terme sur effets publics et au-

2. Paris, 21 décembre 1861. J. G. V° *Trésor public*, n° 1409.

« tres, tous marchés à livrer sur denrées et mar-
« chandises sont reconnus légaux ».

« Nul ne peut pour se soustraire aux obligations
« qui en résultent se prévaloir de l'article 1965 du
« Code civil, lors même qu'il se résoudraient par
« une simple différence ».

Le législateur a reconnu et mieux vaut tard que
jamais, qu'en cette matière comme dans bien d'autres du domaine économique, la liberté assure au
travail de l'homme son mode de fonctionnement le
plus régulier et le plus sûr.

Ce n'était d'ailleurs pas seulement à la liberté de
l homme que l'on s'attaquait, c'était à la propriété
elle-même. L'homme est libre de donner ce qui lui
appartient à qu'il juge convenable, il peut le jouer
au sort, c'est là un attribut de son droit de propriété qu'on ne saurait lui dénier. Or est-ce même au
sort que s'en rapporte celui qui se livre à des opérations de bourse ? Quiconque s'est occupé de ces sortes de choses, ou en a seulement entendu parler,
sait parfaitement que le hasard est à la Bourse le
moindre des mobiles. Chacun met à profit ses con-
naissances, utilise son expérience pour arriver à
prévoir l'imprévu, à découvrir ce qui peut avoir sur
les cours une influence décisive. C'est à la décou-
verte de ces phénomènes que s'adonnent également, mais dans une autre sphère, l'industriel ou

le commerçant. Comme on l'a dit excellemment,
toute entreprise est une spéculation : loin d'avoir
le hasard pour associé, on tient à l'évincer le plus
possible, en estimant avec soin les éventualités fa-
vorables ou défavorables.

Nous ne voyons dans tout cela rien d'immoral, et
quant à la possibilité d'augmenter les chances fa-
vorables au moyen de fraudes ou de fausses nouvelles, on y peut porter remède par l'application de
l'art. 419 du Code pénal : il n'est pas besoin pour
cela d'interdire la vente à terme, et qui plus est, de
la regarder comme un fait délictueux, lorsqu'elle
est opérée dans les conditions que nous supposons.

Quant au reproche qu'on adresse à la spéculation
se soldant par simples différences, de faire dévier
les cours, et de fausser le crédit public, il tombe
devant une analyse même sommaire de l'opération incriminée.

Qu'elle se termine ou non par une différence, qu'il
y ait eu ou qu'il n'y ait pas eu réellement levée et
livraison de titres, qu'est-ce que cela fait si les deux
opérations secondaires qui la composent sont légi-
times, et elles le sont incontestablement. Ne puis-je
acheter une valeur en convenant que les titres ne
me seront livrés que lorsque j'aurai des fonds à ma
disposition, et ne puis-je vendre des titres, que je
ne possède pas encore, mais que je suis sûr d'avoir,

et qui en tout cas, ne me seront payés qu'à l'époque
où je les livrerai. Qu'en fin de compte tout se solde
par une différence, cela tient, et la jurisprudence
paraît l'avoir toujours oublié, cela tient à une sim-
plification d'écritures, mais il y a eu en réalité deux
opérations qui ne donnaient isolément prise à aucune critique.

On voit donc combien il est faux de dire que ces
opérations font dévier les cours, sous prétexte que
l'on vend ce qu'on n'a pas, car si l'on vend ce que
l'on n'a pas, il faut acheter ce qu'on doit livrer, çe
qui neutralise exactement la première influence.

Quant à l'intention de terminer l'opération par
une différence, que présente-t-elle d'immoral? Ce
qu'on peut faire licitement pour la vente au comptant, pourquoi ne le ferait-on pas pour la vente à
terme ; qu'importe qu'en réalité l'individu qui spé-
cule ne puisse au moment de l'achat payer les
titres qu'il achète, puisqu'il a l'intention de les
revendre; il suffit qu'il ait un capital suffisant pour
payer la différence proportionnellement à l'importance des variations. Or les intermédiaires à qui
pourraient incomber les risques peuvent toujours se
faire garantir le paiement des différences par le
versement de ce que l'on appelle une couverture. Parfois en fait les couvertures déposées sont insuffi-
santes, mais cela tient à une erreur d'appréciation

de la part des intermédiaires, erreur d'appréciation qu'ils pouvaient éviter et dont la responsabilité doit leur incomber.

Quant à fonder une décision sur le point de savoir si le spéculateur était en mesure ou non d'effectuer réellement les levées ou les livraisons de titres, c'est arriver, comme l'a maintes fois fait la jurisprudence française, à valider les opérations faites par des spéculateurs riches, eussent-ils l'intention bien marquée de jouer, et à punir sous le couvert de la moralité publique, les opérations entreprises par des spéculateurs moins fortunés, mais parfaitement en état de payer leurs différences.

Restait enfin le dernier grief, le reproche fait aux opérations de bourse d'absorber des capitaux qui restent ainsi improductifs, sans augmenter le bien-être de la société. La réponse est aisée, et elle a été souvent faite : les capitaux employés en opérations de bourse peuvent être productifs, suivant le résultat final de l'opération et les mains qui les reçoivent. Comme l'a dit M. Ch. Coquelin, dans son livre « Du crédit et des banques » le crédit est du capital, le crédit intelligemment pratiqué augmente la productivité des capitaux en la mettant à la portée de ceux qui en ont besoin. On facilite ainsi les placements, et on provoque l'épargne du travailleur qui se trouverait sans cela dans l'alternative anti-

économique d'une thésaurisation stérile ou d'une
consommation improductive. A un point de vue plus
plus élevé, chacun sait, et c'est une vérité banale,
que la spéculation à terme est d'une incontestable
utilité pour le crédit de l'État, et celui des grandes
sociétés industrielles et financières. C'est elle qui
permet le classement régulier et successif de leurs
titres, et à la suite de chaque émission, c'est encore
elle, qui comme une soupape de sûreté bien agen-
cée, modère ou accélère les mouvements de la
Bourse.

Ses inconvénients, et elle en a, nous ne le nions
pas, sont compensés par l'avantage qu'elle présente
pour maintenir l'équilibre des cours, et atténuer les
secousses.

Le législateur a donc fait œuvre sage en procla-
mant légaux les marchés à terme, et en validant
toutes les conventions faites de bonne foi. Nous
nous trouvons par cette disposition, dispensés d'entrer dans l'examen des décisions, qui tantôt regar-
daient le report comme valable, tantôt l'annulaient
lorsqu'il se présentait dans certaines conditions,
tantôt enfin remettaient au juge du fait le pouvoir
d'apprécier souverainement sa validité. Cela simpli-
fiera notre tâche, et augmentera d'ailleurs la sphère
d'application des divers principes qui feront l'objet
de cet exposé.

II

Nous avons défini le report au commencement de cette étude d'une façon sommaire, nous en avons montré le rôle économique et la légitimité. Il nous faut maintenant pénétrer plus avant dans la notion exacte de cette opération, et analyser les différents éléments qui la composent. La connaissance complète de la nature du report a d'autant plus d'importance que c'est de ce point de vue, que découleront par voie de conséquences, toutes nos explications ultérieures.

Qu'est-ce exactement que le report? Il y a sur cette délicate question deux opinions principales qui divisent les rares auteurs qui se sont occupés de cette matière, deux manières de voir sur lesquelles la jurisprudence et la pratique ont été longtemps en désaccord.

La première fait abstraction des apparences, et cherche le résultat final. Elle ne considère la vente et l'achat que comme des moyens, et se rendant compte du but cherché et voulu par chacun des contractants, elle observe que, l'opération une fois réalisée, le détenteur des titres se trouve en possession de fonds qui lui permettent de solder son découvert, et le capitaliste a en mains des titres qui

servent à garantir le remboursement de sa créance.
L'opération ainsi envisagée constitue un prêt sur
nantissement, c'est l'opinion enseignée par MM. P.
Pont,Jeannotte-Bozerian, Beudant, et qui a eu longtemps la préférence des tribunaux.

Cette opinion s'appuie principalement sur trois
ordres d'idées :

1º Le report ne se comprend, et n'a sa raison
d'être que si on l'envisage comme un prêt. C'est
son rôle économique, c'est le but que cherchent à
atteindre ceux qui s'adonnent à ces opérations. Qui
sont les reporteurs? Ce sont des capitalistes qui font,
valoir les capitaux disponibles qu'ils ont en mains.
Qui sont les reportés? Ce sont des gens à découvert
qui ont besoin d'argent. Les uns vont trouver les
autres, et les fonds des premiers permettent aux se-
conds de payer leurs dettes, plus spécialement leurs
différences. Quant aux titres, ils jouent dans l'opération le rôle d'un gage que l'emprunteur remet à son
prêteur. Et tout cela est tellement vrai, que l'opération pourrait se former de cette façon, en suppri-
mant l'achat et la vente, le reporté empruntant simplement les fonds du reporteur, et les valeurs passant aux mains du prêteur à titre de simple garantie. Que demain le report s'établisse sur cette base,
et rien ne sera changé; il n'aura ni plus ni moins
de raison d'être, ni plus ni moins d'efficacité. La

forme seule de l'opération sera changée, pour se
mettre en rapport avec son rôle économique.

2° Les partisans du système adverse fournissent
des armes contre eux-mêmes. Ils diront tout-à-l'heure
ce qu'est le report envisagé à leur point de vue. Il
le considéreront comme une vente suivie d'un rachat
immédiat, d'un rachat obligatoire. C'est en quelque
sorte un pacte de réméré, différant sans doute du
réméré ordinaire par plusieurs points secondaires,
mais qui s'en rapproche dans son ensemble et ses
principaux traits. Or qu'est-ce bien que ce rachat
immédiat obligatoire ? Le réméré dissimule bien
souvent un prêt sur gage contracté usurairement :
le rachat n'est alors qu'un moyen, l'opération n'est
plus une vente, mais un contrat pignoratif. Aussi la
loi se défie-t-elle du réméré : elle le permet, parce
que dans certaines circonstances, il peut être sincère, et pur de toute collusion frauduleuse, mais
enfin elle ne fait que le tolérer, et ne le rend jamais
obligatoire. Ici, au contraire, nous nous trouvons en
présence d'une obligation imposée au reporté. Il a
vendu ses titres, il doit les racheter (bien entendu,
quand il se trouve en présence d'un reporteur), il
n'est pas libre de s'arrêter au milieu de son opération, il ne lui est pas loisible de la diviser.

Eh bien, ainsi compris, le rachat n'est pas et ne
peut pas être sincère, l'acheteur ne rachète pas

parce qu'il veut être acheteur; il vend parce qu'il
a besoin d'argent, et qu'il n'en trouve qu'en ven-
dant ses titres; il rachète parce qu'il ne veut pas
s'en désaisir immédiatement. S'il y avait une assimilation à établir, ce serait bien plutôt avec le contrat pignoratif et ses variétés, qu'avec la vente à
réméré. Rappeler la vente à réméré à propos du
report, c'est faire une comparaison bien imprudente,
et qui appelle d'autres rapprochements.

3° Enfin il y a encore une troisième considération,
qui milite en faveur de cette théorie.

Dans le contrat de vente, c'est la volonté des
parties qui opère translation de propriété, du moins
entre les deux contractants. Le vendeur consent à
renoncer aux droits qu'ils possède sur la chose vendue,
l'acheteur a la ferme intention de devenir propriétaire. C'est un caractère indispensable, sans lequel
il n'y a pas de vente, et qui existe dans toute
vente. Il existe au même degré dans la vente à réméré; plus tard, il est vrai, lors de l'exercice du
droit de rachat, la volonté du vendeur se modifiera
peut-être, mais il n'en est pas moins vrai, qu'à un
moment donné, suivi d'une période plus ou moins
longue, il y aura eu accord complet des deux parties
l'une donnant, l'autre recevant. Et cela est tellement vrai que, si le réméré n'est pas exercé, et que
le délai fixé par le contrat ou par la loi vienne à

expirer, cet accord de volonté produira un effet définitif et désormais irrévocable.

Or ce caractère constitutif de toute vente existe-
t-il dans son intégrité, existe-t-il seulement en
germe, au moment où se conclut une opération de
report ? Peut-on croire qu'il existe un accord de volonté entre les parties, pour opérer une translation
de propriété ? Peut-on dire que celui qui livre des
titres, à la seule fin de se les voir rendre, que celui
qui en prend livraison, à la seule condition qu'on
les lui reprendra, peut-on dire que le premier a
voulu transférer ses droits sur les titres, que le
second a consenti à en devenir propriétaire ?

Incontestablement non, parce que l'ensemble de
ces opérations est indivisible, qu'elles sont la condition essentielle l'une de l'autre, que c'est tout ou
rien, et qu'entre la vente et l'achat, il n'y a pas la
place même d'un instant de raison, pendant lequel,
la volonté, après s'être fixée sur une opération,
puisse changer d'objet. La volonté ne peut pas con-
courir en même temps à deux opérations contra-
dictoires et exclusives l'une de l'autre.

Comment admettre que l'on puisse valablement
cesser d'être propriétaire au moment même où on
le devient, et inversement ; il ne peut y avoir dans
ce cas accord de volonté, pour opérer une translation de propriété, et par conséquent pas de vente,
pas d'achat.

Passons à une seconde opinion.

Le report n'est pas un simple prêt sur nantissement. C'est un double prêt, un prêt de choses fongibles, contre un prêt de choses fongibles. J'ai des titres, vous avez de l'argent ; je vous prête mes titres, vous me prêtez votre argent, nous opérerons la restitution à la liquidation prochaine. Chaque partie joue un double rôle, est à la fois emprunteur et prêteur. Le reporteur est prêteur d'argent, le reporté est prêteur de titres.

Le report a-t-il en réalité ce caractère ?

Incontestablement, répond-on, ce caractère de double prêt est bien dans l'intention des parties, il résulte des circonstances dans lesquelles se produit le report, il résulte de son rôle économique.

Cette explication, nous nous faisons un plaisir d'en convenir, a tout à la fois le mérite de la vraisemblance et de la nouveauté. Elle a été proposée par M. A. Lyon, avoué à la Cour d'appel de Paris, dans un article paru dans « la France judiciaire »(1) et dont nous aurons de nouveau l'occasion de parler. Nous rendons hommage au caractère particulièrement consciencieux des recherches de cet auteur, mais nous n'adoptons pas sa manière de voir, et cela parce qu'en réalité, elle n'est qu'une variante du système précédent, procédant peut-être

1. *France judiciaire*, t. VI, p. 80.

d'une analyse plus délicate. M. Lyon, tout en tenant à la théorie du prêt, paraît avoir été préoccupé par les conséquences de cette opinion, qui, si elle est logique, n'aboutit à rien moins qu'à considérer le reporteur comme un simple créancier gagiste, incapable de disposer des titres, d'assister aux assemblées générales, de toucher les lots. C'est pour éviter ce résultat qui lui semble choquant, que M. Lyon est arrivé à sa conception du double prêt; mais encore une fois, cette théorie a le même fondement que la précédente, et nous lui adrésserons les mêmes critiques.

Nous arrivons enfin à la troisième opinion, celle de la pratique, aujourd'hui adoptée par la jurisprudence (1), et un certain nombre d'auteurs parmi lesquels nous citons : MM. Dalloz, Mollot, Bravard-Veyrières, Bedarride, Buchere.

D'après ces auteurs, le report consiste dans une double opération : un achat au comptant, et une vente à terme, l'achat ayant pour objet de rendre le reporteur propriétaire, et la vente transportant de nouveau au reporté la propriété des titres. L'opération est, si l'on veut, un contrat *sui generis* comprenant d'abord un achat, puis une revente qui en fait

1. Paris, 21 décembre 1861. J. G. v⁰ Trésor public, n⁰ 1409. — Req. 3 février, 1862. D. P. 62.1.163. — Paris, 19 avril 1875. D. P. 75.2.161.

en quelque sorte un réméré dont l'exercice serait obligatoire, au lieu d'être simplement facultatif.

Voici quelles sont les principales considérations sur lesquelles s'appuie cette opinion.

Le report est un contrat, ou une succession de contrats, obéissant à la règle générale que les conventions légalement formées tiennent lieu de loi à ceux qui les ont faites, et qu'elles doivent être exécutées de bonne foi. Donc pour analyser un contrat et se rendre compte de sa nature exacte, il faut examiner la forme du contrat et l'intention des contractants. La forme du contrat de report, quelle est-elle? Nous verrons dans notre prochain chapitre le détail de la succession des opérations effectuées, mais ce que nous pouvons dire dès maintenant, c'est que la forme est celle que l'on emploie pour la vente et l'achat, soit des valeurs au comptant, soit des valeurs à terme. On passe écriture comme s'il s'agissait, d'abord d'un achat au comptant qui ne devrait être suivi d'aucune autre opération, puis d'une vente à terme comme si aucune opération antérieure n'était intervenue. Si nous interrogeons donc la forme du contrat, et on ne voit pas ce qui pourrait en fausser la sincérité, il comprend deux opérations, l'une au comptant, subordonnée à une condition, savoir que la seconde ait lieu, et l'autre à terme.

L'intention des parties révèle-t-elle une arrière-

pensée, un but caché sous ces apparences ? Peut-
être, si l'on s'en tient au point de vue exclusif du
capitaliste, qui cherche à combiner les choses de
telle sorte que l'opération se résoudra pour lui, en
dernière analyse, par un placement ; mais incontestablement non pour le reporté, qui est le plus
souvent, et ne l'oublions pas, celui qui provoque
l'opération, et à qui il faut demander ce qu'il veut
faire. Or, que veut le reporté ? Il veut vendre
ses titres parce qu'il a besoin d'argent ; il rachète
parce que l'allure du marché lui inspire confiance,
et qu'il espère qu'à la liquidation suivante il récu-
pérera la double différence qui existe entre son prix
d'achat primitif et antérieur au report et son prix
de vente, puis entre ce dernier prix de vente au
comptant et son prix de rachat à terme. Voilà quelle
est l'intention du reporté ; or, comme nous le disions
quelques lignes plus haut, c'est lui qui provoque
l'opération, qui lui donne sa véritable portée ; d'autres pourront en tirer tel parti qu'ils voudront,
comme cela peut se faire pour toutes les opérations
possibles, mais ils n'empêcheront pas qu'une vente
ne soit une vente et ne doive garder ce caractère en
dépit des arrangements particuliers de l'une des
parties.

Et il n'y a pas à arguer du défaut de consentement résultant de cette idée, que les parties ne

peuvent sérieusement consentir à une vente, lorsque cette vente doit être immédiatement suivie d'un rachat ; car, ne l'oublions pas, il est de la nature essentielle du report que la vente et le rachat aient lieu à des conditions différentes, sans quoi l'opération serait absolument inutile, sans objet économique, comme une meule qui tourne à vide, le reporté n'ayant pas plus d'intérêt dans l'opération que le reporteur. Or, du moment où les conditions sont différentes, et elles le seront toujours, on conçoit fort bien qu'une partie consente à vendre puis à racheter, si elle vend à un prix donné et qu'elle rachète à des conditions plus douces, au point de vue soit du prix, soit du délai ; cela se voit journellement, et il n'y a rien dans cette opération qui soit exclusif d'un consentement sincère et valable. Par conséquent, la sincérité de la forme du report n'a pas de raison pour être légitimement méconnue, et en présence d'errements, qui depuis soixante ans, n'ont jamais varié, en présence d'intentions qu'on ne saurait suspecter, il faut reconnaître que le report est bien ce que nous disions tout à l'heure, un contrat *sui generis* et innommé, si l'on veut, constitué par une double opération, une vente au comptant, suivie immédiatement d'un rachat à terme qui en est la condition.

Et, d'ailleurs, entre le report sainement envi-

sagé et le prêt sur nantissement, il y a des différences profondes qui nous montrent combien ces
deux opérations sont étrangères l'une à l'autre.

Tout prêt, qu'il soit ou non accompagné d'un
nantissement, donne lieu à la perception d'un intérêt. Cet intérêt est librement débattu entre les parties, le taux en est soumis à des causes nombreuses
sans doute, mais parmi lesquelles figurent en première ligne, la solvabilité plus ou moins grande de
l'emprunteur, et l'abondance ou la rareté de l'argent disponible sur le marché. La question de personne y a son i...portance, comme aussi celle des risques à courir. Rien de semblable dans le report :
tel qui ne porte son argent qu'à bonnes enseignes,
reportera un individu qu'il ne connaît pas, et ne
connaîtra probablement jamais, dont la solvabilité
lui est indifférente ; et d'autre part, le bénéfice de
son opération résidera dans la différence des prix de
l'opération au comptant et de l'opération à terme,—
différence résultant, non pas seulement de la quantité plus ou moins grande de numéraire disponible,
mais encore et surtout, de l'allure de la spéculation,
qui peut être à la baisse et à découvert, ou moins à
la baisse, ou tout à fait à la hausse — sans qu'aucun débat intervienne utilement entre les contractants.

Autre différence : le reporteur après avoir acheté

au comptant des titres, peut, bien qu'il les ait revendus à terme pour l'échéance prochaine, les revendre encore, mais comptant, cette fois, s'il y trouve
avantage. Il faudra seulement qu'à la liquidation,
il s'en soit procuré de pareils pour les livrer à son
acheteur ; jusque-là, il est libre d'en faire ce que
bon lui semble, le report pouvant concerner, et con-
cernant en fait presque toujours des titres purement
fongibles. Rien de semblable pour le nantissement,
qui doit rester tel qu'il a été constitué entre les
mains du créancier gagiste, celui-ci ne pouvant en
faire l'objet d'une vente, d'un dépôt, ou d'un prêt,
ni d'une façon générale, en disposer (art. 2078).

Enfin, le nantissement n'est pas toujours identiquement égal à la valeur du prêt, il est quelquefois
plus considérable et affecté à la sûreté de plusieurs
créances, il est aussi parfois inférieur au chiffre de
la dette, enfin il n'existe aucune corrélation nécessaire et fatale entre ces deux termes. Dans le report, au contraire, sans qu'il existe une équation
parfaite et absolue, il y a presque toujours une certaine égalité entre ces deux quantités, l'une repré-
sentant le prix d'achat de l'autre. Ce caractère n'a
peut-être, nous ne faisons nulle difficulté d'en convenir, qu'une importance assez secondaire au point
de vue de la discussion qui nous occupe, mais enfin
si le report était un simple prêt sur nantissement,

il ne devrait pas toujours y avoir entre la somme
présentée et la garantie fournie cette corrélation nécessaire.

Les divers arguments que nous avons fait valoir
pour appuyer cette théorie, ont été condensés dans
un parère, produit en 1823, au cours d'un procès
Collol c. syndic Sandrié-Vincourt, où, pour la première fois, le contrat de report a été soumis à l'appréciation des tribunaux. Voici quels sont les termes
de ce parère :

« Sur la question de savoir si une personne qui
« achète des rentes au comptant et au cours du
« jour, les fait transcrire sur le Grand-Livre, en son
« nom ou au nom de ses ayants causes, se fait li-
« vrer les inscriptions, les paie et les revend à terme,
« est propriétaire des rentes qui lui sont ainsi trans-
« férées, ou si elle ne peut être considérée que
« comme un créancier nanti : Paul a acheté de di-
« vers par l'intermédiaire de L. J., agent de change,
« 50,000 fr. de rente. Il les a payées au cours du
« jour, il les a fait transférer sur le Grand-Livre en
« son nom ou au nom de ses ayants cause, et s'en
« est fait délivrer les inscriptions.

« Cette première opération terminée, il revend à
« divers, par la même entremise, le même jour et au
« même prix, la même quantité de rentes livrables
« à six mois de terme. Il se fait payer comptant

« deux et demi pour la plus-value de la rente pen-
« dant ces six mois, et, de plus, un à compte sur le
« prix de la revente, pour en assurer l'exécution.

« On demande si Paul, qui a acheté ces 50,000 fr.
« de rente, qui les a payés, qui les a fait trans-
« crire en son nom, qui s'en est fait délivrer les ins-
« criptions, qui a pu en disposer sans cesse, doit
« être considéré comme propriétaire incontestable
« de la rente ou simplement comme créancier nanti ?

« Nous, soussignés, banquiers, négociants et
« agents de change, domiciliés à Paris, certifions
« que dans le cas de l'exemple proposé, Paul ne
« saurait être considéré comme un simple créancier
« nanti.

« 1° Il a acheté les 50.000 fr. de rente.

« 2° Il les a payés.

« 3° Le transfert de la rente a été fait à son pro-
« fit, et l'inscription lui a été délivrée.

« Paul est donc le vrai et légitime propriétaire
« des 50,000 fr. de rente, il l'est au même titre
« que le sont tous les propriétaires.

« En les revendant à terme, il a fait acte de pro-
« priété.

« Son opération se compose de deux opérations
« distinctes :

« 1° Il a acheté au comptant ;

« 2° Il a revendu à terme.

« Le paiement fait par Paul, le transfert en son
« nom sur le Grand Livre, la remise de l'inscrip-
« tion, ne permettent point de douter qu'il ne soit
« réellement propriétaire de cette inscription.

« Les différentes conventions pour la revente ne
« sauraient infirmer le contrat d'achat et en déna-
« turer l'essence. Paul en revendant les 50.000 fr.
« de rente à terme, a pu recevoir un à compte plus
« ou moins considérable sur le prix de la revente ;
« c'est une précaution que prend ordinairement le
« vendeur à long terme pour s'assurer que l'ache-
« teur exécutera son engagement.

« En résultat, Paul a acheté la rente, il l'a payée,
« l'a fait inscrire en son nom, en a pris livraison et
« l'a revendue à terme ; il a fait ce que font habi-
« tuellement les banquiers, les négociants, les ca-
« pitalistes. Cette opération est la seule qui attire
« sur les effets publics les fonds indispensables à
« leur crédit. Si on faisait naître la moindre crainte
« sur une opération aussi utile au gouvernement,
« nous sommes convaincus qu'on frapperait son cré-
« dit du coup le plus funeste.

« Nous pensons donc qu'il y aurait le plus grand
« danger à élever le moindre doute sur une proprié-
« té acquise dans la forme usitée, garantie par la loi
« publique, et consacrée par toutes les lois relatives
« aux rentes sur l'Etat, qui déclarent de la manière

« la plus expresse, que l'inscription de la rente sur le
« Grand-Livre et son paiement suffisent pour assu-
« rer de la manière la plus absolue la propriété de
« la rente à celui au nom de qui elle est inscrite.

(Suivent les noms des signataires).

Les rédacteurs de ce document ont pris pour base
de discussion, un report portant sur des titres nominatifs. La nécessité du transfert au nom de l'acquéreur, et l'attribution à son profit qui en résultait,
rendait plus tangible le résultat obtenu, rendait plus
évident encore, s'il était possible, le droit de propriété qu'ils prétendaient acquis à son profit. Les
reports ont également lieu sur des titres au porteur, mais pour frapper moins vivement les yeux,
le résultat n'en est pas moins toujours le même.

Le report ne constitue donc pas un prêt sur nantissement, mais un contrat de vente et d'achat d'effets, qui a pour conséquence fondamentale, à l'inverse de ce qui a lieu pour la première théorie, de
rendre le reporteur propriétaire du titre reporté ;
mais il est en même temps propriétaire à terme,
par suite du rachat qui a été simultanément effectué
par le vendeur, et à l'échéance du terme il perdra
cette qualité. C'est justement là un des points qui
distingue le contrat de report d'avec la vente à ré-

méré, avec laquelle le report ne présente qu'une certaine assimilation.

La vente avec faculté de rachat est en effet une vente sous condition résolutoire, subordonnée à l'accomplissement d'un fait futur et incertain, que le vendeur ait la volonté de récupérer sa chose et qu'il puisse trouver les fonds nécessaires au rachat. Jusqu'à ce que cette double condition vienne à s'accomplir, et pendant tout l'intervalle qui sépare la vente du terme fixé, l'acheteur à réméré est propriétaire, et il continue de l'être à l'avènement du terme, si la condition résolutoire ne s'est pas accomplie. C'est l'application de l'art. 1662 du Code civil qui dit, que faute par le vendeur d'avoir exercé son action de réméré dans le terme prescrit, l'acquéreur devient propriétaire irrévocable.

Dans le report, au contraire, l'échéance du terme ne suffit pas pour rendre le reporteur propriétaire incommutable des valeurs par lui achetées ; il n'a jamais qu'une propriété momentanée, parce que le reporté est un acheteur à terme, et que, le terme arrivé, il doit payer ou encourir l'exécution. Il reste seulement libre de reculer indéfiniment l'époque fixée pour le rachat, à la charge par lui de payer la différence des cours.

Seconde différence : le pacte de réméré a pour objet de concéder une faveur au vendeur seulement ;

l'acheteur, quant à lui, subit la condition, lorsqu'elle arrive, mais il ne peut en provoquer l'accomplissement, il ne peut exiger la reprise de l'immeuble et le retour de son prix ; d'autre part, le vendeur à réméré n'est obligé à rien vis-à-vis de l'acheteur. Le report, au contraire, comporte une double obligation : obligation pour le reporteur de livrer les titres et d'en recevoir le prix d'achat, mais obligation aussi pour le reporté de reprendre ses titres, et de payer les fonds.

Enfin, dernières différences, sur lesquelles nous n'insistons pas, parce qu'elles sont la conséquence d'idées déjà connues, le réméré se passe entre parties déjà connues, parce que la solvabilité du vendeur, les chances plus ou moins grandes de rachat, sont des éléments qui entrent en ligne de compte, quand il s'agit de fixer le prix ; le report, au contraire, se traite en vue des choses et non des personnes.

Enfin, en général, le réméré s'occupe de choses certaines, l'acheteur devant rendre le même effet ; le report, au contraire, peut concerner et concerne en fait, des titres purement fongibles.

Nous avions donc raison de faire nos réserves, et de dire que si le report contrat *sui generis* peut être assimilé à la vente à réméré, c'est une vente à réméré d'une nature tout à fait spéciale.

Ces différents caractères nettement déterminés, reste, pour en avoir fini avec l'examen de la nature du report, une dernière question à examiner. Le report constitue-t-il un acte de commerce ?

En général, les opérations de bourse sur effets publics ou valeurs industrielles, ne sont pas de plein droit commerciales. Sans doute, l'achat de créances dans l'intention de les revendre et de spéculer sur leur prix, constitue un acte de commerce. Aussi un certain nombre d'auteurs et plusieurs arrêts (1) ont-ils étendu cette solution à l'achat et à la revente des effets publics, encore que l'on ne fût pas d'accord sur la question de savoir, si ces opérations constituaient des actes de commerce en vertu du paragraphe premier ou du paragraphe quatrième de l'art. 632. Cette solution absolue nous paraît contestable, à cause de la nature particulière de ces opérations : leur caractère commercial ou civil dépend des circonstances, que les juges doivent apprécier avec soin. C'est par application de ce principe que la Cour de Paris, dans son arrêt du 17 mai 1858,

1. Voir notamment l'arrêt de la Cour de Paris du 7 avril 1866 (Journal des tribunaux de commerce, T. XV, p. 30 et 371). Un jugement du tribunal de la Seine, en date du 28 décembre 1872, décide que l'on fait acte de commerce si l'on se livre à des opérations géminées de bourse, même pendant un court espace de temps.

rapporté dans le Journal des Tribunaux de commerce, T. VII, p. 369, a décidé que la convention qui a pour objet une opération de report ne constitue pas par elle-même un acte de commerce; mais il n'en est pas moins vrai qu'elle pourrait, suivant les conjonctures, et suivant l'objet que ce propose le négociateur, constituer un fait commercial.

CHAPITRE II

FORMES DU REPORT.

Avant d'entrer dans l'examen des formes du report, nous devons faire une observation. Nous avons
tiré argument de ces formes, pour démontrer que
le report est une double vente ; il nous faut dire ce
que devrait être, ou plutôt aurait dû être ce contrat,
au point de vue de la forme, si on admettait qu'il
fut réellement un prêt sur nantissement. Depuis la
loi de 1863, qui a édicté des dispositions libérales
pour la constitution du gage commercial, la question à perdu beaucoup de son intérêt, mais elle présentait auparavant une certaine importance. S'il est
vrai, en effet, que le marché report constitue un
prêt sur nantissement, il faut lui appliquer les formalités de l'article 2074 du C. civ, c'est-à-dire qu'il
faut un acte public, ou un acte sous seing privé dû-
ment enregistré, que cet acte contienne la déclara-
tion de la somme due, la nature et l'espèce de choses remises en gage ; il faut enfin, puisqu'il s'agit

d'une créance mobilière, que le nantissement soit dans les mêmes formes signifié au débiteur de la chose donnée en gage.

Bien entendu, dans cette matière, comme pour toute espèce de gage, ces formalités ne sont exigées que dans les rapports du créancier avec les tiers, et pour donner naissance à son privilège; l'acte devrait, malgré le défant d'enregistrement, recevoir son effet entre les parties restées *in bonis*.

Mais enfin, sous cette restriction, voilà ce qu'il faudrait admettre, si on voulait considérer le contrat comme un prêt sur nantissement et rester logique. Eh bien, malgré cela, nous ne connaissons qu'un jugement du tribunal de commerce de la Seine qui l'ait décidé : presque tous les partisans de cette théorie admettent que, même lorsque l'opération constitue une opération purement civile, elle est dispensée des formalités de l'article 2074 du C. civ. MM. Mollot, Bozerian, Troplong et autres partisans de la doctrine du prêt sur nantissement, décident que les articles 2074 et 2075 du Code civil ne sont point applicables au report, même considéré comme un prêt.

Voici en effet comment ils raisonnent : le report ne saurait être régi par les règles du nantissement

---

1. Trib. de commerce de la Seine, 11 déc. 1857. Jur. Gén. V° Trésor public, n° 1394.

en ce qui concerne la forme, car les parties ont dis-
simulé le nantissement sous les apparences d'une
vente, et le contrat de vente n'étant soumis à aucune
forme spéciale, il semble que leur convention doive
produire tous ses effets. C'est ainsi que les donations déguisées sous la forme d'un contrat à titre
onéreux, sont valables, sauf le droit des intéressés,
bien qu'elles n'aient pas été accomplies dans les formes déterminées dans les articles 931 et suivants
du Code Civil.

Quant à la jurisprudence, elle ne s'est jamais
prononcée sur ce point d'une manière catégorique.
La question avait été soumise à la Cour de cassation
en 1862, mais par un arrêt du 3 fév. D. P. 1862. 1.
163, elle a écarté ce chef du pourvoi comme moyen
nouveau ; néanmoins le rapport de M. le conseiller
Calmètes laisse entendre qu'elle inclinerait à parta-
ger cette manière de voir.

Nous n'avons pas à prendre parti dans une question qui, selon nous, ne devrait pas se poser, mais
nous ne pouvons cependant nous empêcher de reconnaître, que la prétention du tribunal de la Seine
nous paraît infiniment plus fondée que celle des sa-
vants auteurs qui enseignent l'opinion contraire. La
loi a prescrit pour la constitution du prêt sur nantissement des formalités dont l'accomplissement est
indispensable, parce qu'il s'agit, en somme, de con-

férer un privilège à un individu au détriment des autres créanciers de l'emprunteur, et qu'il ne faut pas que cet acte puisse, soit au moyen de sa passation, soit plus tard par suite d'une simulation, porter préjudice à des tiers qui resteraient désarmés en présence d'un acte fait en fraude de leurs droits. Voilà pourquoi, vis-à-vis des tiers, les formalités sont *stricti juris*, et prescrites à peine de nullité.

Or, tant que l'on se trouve dans un cas exceptionnel nettement déterminé par la loi, le principe continue à s'appliquer, quelle qu'ait été l'intention des parties, alors même qu'elles ont voulu dissimuler le nantissement sous les apparences d'une vente, puisque c'est moins dans l'intérêt des parties que dans l'intérêt des tiers que ces formalités ont été prescrites.

On tire argument de la validité des donations déguisées ; mais c'est résoudre la question par la question. Si la jurisprudence, dans ses plus récents arrêts, Cass., 6 janv. 1862. J. P. 1862, p. 439, considère comme valable les donations déguisées sous la forme d'un contrat à titre onéreux, il s'en faut de beaucoup que cette opinion soit universellement admise. Voir notamment Duvergier, *Recueil des lois*, 1843, p. 265 et Demolombe, t. XX, n° 99.

Enfin, au point de vue des principes, il y a là in-

contestablement une entorse donnée à la loi. Sans
doute, la simulation n'est pas à elle seule une cause
de nullité, quand elle n'est pas frauduleuse; mais il
ne s'en suit pas qu'elle revivifie et fasse produire
effet à un acte qui serait nul par lui-même, et de
plus, dans notre espèce, la simulation a été prati-
quée en fraude des dispositions de la loi, puisqu'elle
a eu pour but de soustraire aux formes solennelles,
auxquelles la loi le soumettait. un acte qui, dans
l'intention des parties, était un prêt sur nantissement.

Nous persistons donc pour ces différents motifs
dans la solution que nous avons proposée, en supposant le report envisagé comme un prêt sur nantissement.

Ce point de vue une fois examiné et mis à part,
nous entrons dans l'examen général des formes du
report.

I. — Et d'abord, par qui sont faits les reports?

En général par les agents de change, sur les marchés où il y a un grand nombre d'opérations à terme
qui sont engagées. En France, il n'y a guère que
les places de Paris, Lyon, Bordeaux et Marseille
dont le marché permette ces opérations.

En réalité, ces opérations sont également faites
par les coulissiers. Est-ce à dire qu'elles doivent
être, dans ce cas, frappées de nullité? Un jugement

du tribunal de commerce de la Seine du 11 mars 1857 semble décider l'affirmative, mais cette solution nous paraît beaucoup trop absolue, et nous croyons qu'il y a lieu d'appliquer purement et simplement les principes admis pour toutes les négociations d'effets publics, principes qui reposent dans une saine interprétation de l'art. 76 du Code de commerce.

Quoiqu'il en soit, en fait, l'intervention d'un agent de change ou d'un intermédiaire quelconque est absolument indispensable. Nous savons que l'acheteur qui veut se faire reporter, cherche un prêteur ou une contre-partie, mais ceci, il ne faut pas l'oublier, n'est vrai qu'au point de vue théorique. En réalité, il n'a ni à faire lui-même cette recherche, ce qui lui serait souvent impossible, ni à se préoccuper des livraisons de titres et des paiements. Dans l'usage, c'est l'agent de change qui s'en charge; le spéculateur n'a qu'à l'aviser de sa volonté de reporter, et lui indiquer les limites dans lesquelles il entend le faire; l'agent de change fait le reste. Par suite de l'obligation du secret professionnel de ce dernier, le reporté ignore le nom de la personne ou des personnes avec lesquelles il traite; il ne connaît pas le reporteur, et il n'en est pas connu. Vis-à-vis du reporté, le reporteur est un être impersonnel, c'est un capitaliste anonyme, peut-être même serait-il plus exact de dire que c'est une somme d'argent.

Il se rencontrera chez l'agent de change lui-même, si celui-ci a des clients qui lui fournissent des fonds destinés aux reports, et des clients qui veulent se faire reporter; au cas contraire, il se rencontrera à la Bourse, dans le marché au comptant, ou dans les offres faites par le parquet.

En dehors des reports faits par les agents de change, il en existe une autre catégorie que nous ne mentionnons guère que pour mémoire, parce qu'elle diffère absolument de l'opération que nous avons examinée, et qu'elle n'obéit d'ailleurs à aucune règle spéciale ; c'est le report fait par les banquiers.

Il arrive parfois que des porteurs de titres qui ont besoin d'argent, ne veulent pas les vendre ou se faire reporter en Bourse, parce que les valeurs qu'ils ont en main sont des valeurs nouvelles, dont le cours n'est pas encore établi. Il arrive aussi que des sociétés de crédit, désirant opérer sur des titres en très grandes quantités, ne veulent pas recourir au marché, pour ne pas éveiller l'attention du public, ou amener sur cette valeur un mouvement qui leur serait préjudiciable. Dans ces différents cas, les intéressés préféreront s'adresser à des banquiers, avec qui ils discuteront les conditions de leur opération, qui pourra prendre toutes les formes qu'il plaira aux parties contractantes de lui donner. Mais dans ce cas, il faut le reconnaître, l'opération sera le plus souvent un prêt sur titres.

II. — Second point : Quand sont faits les reports ?

D'une façon générale, on peut répondre : à toute époque, mais surtout pendant les trois premiers jours de la liquidation.

Chacun sait ce qu'à la Bourse on appelle la liquidation. C'est le moment où l'on arrête les négociations, pour régler les comptes des opérations à terme, où les acheteurs lèvent les titres, où les vendeurs en font la livraison.

A la Bourse de Paris, il y a deux liquidations : la liquidation de fin du mois, et la liquidation du 15. Toutes les valeurs ne sont pas soumises à cette double liquidation : les rentes françaises, par exemple, les actions de la Banque de France, du Crédit Foncier, les actions des compagnies de chemins de fer français, ne se liquident qu'une fois par mois, et les opérations à terme, engagées sur ces valeurs à n'importe quel jour du mois, ne seront définitivement terminées qu'à la liquidation de la fin du mois.

Les autres valeurs cotées à terme se liquident au contraire deux fois par mois ; par conséquent la du-

rée des opérations engagées sur l'une d'elle n'excède
pas ordinairement quinze jours. Cependant, aux
termes d'une délibération de la Chambre syndicale
des agents de change de Paris, en date du 22 janvier 1886, les négociations peuvent avoir lieu pour
un terme qui ne peut pas être plus éloigné que la
deuxième liquidation, à partir du jour où le marché
est conclu, pour les valeurs soumises à la liquidation mensuelle, et que la troisième liquidation, avec
le même point de départ, pour les valeurs soumises
à la double liquidation.

Ceci posé, voici comment s'opèrent les liquidations.
La liquidation de fin du mois commence le dernier
jour du mois ; si ce dernier jour était un jour férié,
la liquidation commencerait la veille. Le premier
jour de la liquidation est consacré à la réponse des
primes. Ce jour là, les acheteurs de primes sont te-
nus de déclarer à leurs vendeurs respectifs s'ils en-
tendent maintenir leurs marchés et lever la prime,
ou s'ils veulent, en payant la somme convenue, les
résilier, ce qu'on appelle abandonner la prime ;
nous n'insistons pas sur ce point qui est étranger à
notre matière.

Le deuxième jour de la liquidation, qui correspond toujours à la première bourse du mois, est
consacré à la liquidation des rentes françaises. C'est
ce jour là que ceux qui veulent faire des reports sur

les rentes françaises, ou qui veulent se faire reporter, le déclarent à l'agent de change, qui leur cherche une contre-partie : nous verrons plus loin comment sont passées les écritures.

Le troisième jour de la liquidation, ou deuxième
bourse du mois, est consacré à la liquidation de
toutes les autres valeurs cotées à terme — qu'elles
soient ou non soumises à la double liquidation. —
C'est à ce jour également que se traitent les reports
sur toutes ces valeurs.

Les quatrième et cinquième jours de la liquidation sont employés à la remise aux agents de change
des fonds par les acheteurs, des titres par les vendeurs, et le sixième jour a lieu le paiement par l'a-
gent de change à ses clients de leurs comptes cré-
diteurs.

Quant aux livraisons de titres aux ayants-droit,
elles se font le lendemain pour les titres au porteur, et quelques jours après pour les titres nominatifs, à cause des formalités nécessaires pour le
transfert.

Tous les délais que nous avons indiqués sont absolument de rigueur, seulement si les agents de
change n'ont pas pu tout liquider aux jours indiqués, ils continuent le lendemain.

La liquidation du 15 s'opère dans des conditions
analogues : le premier jour, qui est le 15 — ou si

le 15 était un jour férié, le 14 — réponse des primes. Le deuxième jour, il n'y a pas lieu de liquider
les rentes françaises, parce qu'elles ne se traitent
que fin du mois, de même pour la Banque de France,
le Crédit foncier, etc.; pas de report par conséquent
sur ces valeurs. On liquide de suite les autres valeurs : rentes étrangères, chemins de fer étrangers,
valeurs diverses, telles que Suez, Gaz de Paris, Om-
nibus, etc., etc., toutes soumises à la double liquidation. C'est à ce jour également que se font les reports sur les valeurs se traitant au 15 : le reste
se fait comme à la liquidation de fin du mois.

Comme nous le disions en commençant, les reports peuvent se traiter en dehors des époques indiquées ci-dessus.

Première hypothèse. — Le report peut se traiter
avant la liquidation. — Vers la fin du mois, le 27 décembre, par exemple, je puis trouver à faire reporter fin janvier des opérations engagées fin décembre ; sans doute, il me serait loisible d'attendre la
première bourse de janvier, mais dans certains cas,
par exemple si la bourse est agitée, je puis avoir
avantage à faire de suite cette opération.

Dans cette hypothèse, les écritures sont passées
par le compte de liquidation prochaine, et d'après
le cours du jour. Voici un exemple qui va faire comprendre cette règle :

Au 8 décembre, j'ai acheté, fin courant, 3,000 fr. de rente 3 0/0 au cours de 80 fr., soit 80,000 fr.

Au 27 décembre, trouvant à le faire dans des conditions avantageuses, je me fais reporter à fr. 0,07 de report, le cours du jour étant 80,20.

Arrive la liquidation de décembre; au 2 janvier, voici comment mon compte se trouvera dressé :

Acheté fin décembre 3,000 fr. rente à 80,   80,000

Vendu en liquidation 80,20,   80,200

Acheté fin janvier 3,000 fr. rente 3 0/0
à 80,27,   80,270

Comme on le voit, l'opération vient se greffer sur la liquidation, et y prendre un nouveau point de départ, mais elle se fait sur le cours du jour où elle a été passée.

Seconde hypothèse. — Le report a lieu après la liquidation. — Dans ce cas, les écritures sont passées par le comptant, et sur un des cours du jour. Voici un exemple de l'opération :

Le 7 janvier, par exemple, je veux opérer un report; j'achète comptant 3000 fr. de rente 3 0/0 au cours de 80.10, soit fr. 80.100.

Je les revends fin janvier, à 80.25, soit fr. 80.250.

Comment seront passées les écritures dans ce cas?

L'opération au comptant doit toujours faire l'objet d'un compte spécial établi sur un bordereau. L'agent de change dressera ce bordereau, et je lui remettrai les fonds puisque j'ai acheté comptant.

Quant à l'opération à terme, elle sera établie à l'époque de la liquidation sur un compte de liquidation.

Enfin, troisième hypothèse, et c'est la plus fréquente. — Le report a lieu le jour même de la liquidation. — Dans ce cas les écritures sont passées sur un des cours du jour de la liquidation fixé pour tous les reports et appelé *Cours de compensation*.

Nous ne faisons ici qu'indiquer la règle ; on la comprendra mieux, quand nous aurons vu ce qu'est le cours de compensation.

III. Comment se font les reports ?

Les reports, avons-nous dit, peuvent prendre leur point de départ à trois moments différents, ou à la liquidation, ou avant, ou après. Prenons l'hypothèse la plus fréquente, celle où le report a lieu en liquidation.

Celui qui veut reporter donne en liquidation ordre à son agent de change de faire un report, soit sur une valeur qu'il lui indique, des obligation Tunisiennes, par exemple, soit sur toute autre valeur. Ceci se passe, si l'on veut, à la liquidation de fin mars.

L'agent achète les 200 obligations Tunisiennes en liquidation au comptant, et écrit à son client ;

« Paris, 2 avril.

« Monsieur,

« J'ai l'honneur de vous informer que suivant
« l'ordre contenu en votre lettre du 1ᵉʳ courant, j'ai
« reporté au 15 :

« 200 obligations Tunisiennes, 1.50, 478.75 ce
« que veuillez noter. »

L'agent de change adresse de plus à son client
un compte de liquidation comprenant une opération
faite en liquidation :

« Paris, 3 avril,

« Monsieur,

« J'ai l'honneur de vous remettre ci-inclus dé-
« compte de report de liquidation du 31 mars se
« soldant par

« F.95.750

« à votre débit.

« Veuillez l'examiner et me dire si nous sommes
d'accord. »

Et en même temps, il lui remet un bordereau sur
timbre de 1 fr. 80, contenant sur compte ainsi
conçu :

M. A... Compte de liquidation au 31 mars
chez M. X... agent de change, Paris.

Achats		Ventes
Avril	200 obligations tunisiennes	
	478 75 95 750	

Remarquons que l'agent de change ne prend pas
de courtage sur cette opération, nous dirons tout à
l'heure quelle en est la raison.

Le reporteur adresse alors les fonds à l'agent de
change, s'il ne les a déjà remis, mais dans la pratique l'agent garde les titres dans le dossier du client.

En même temps qu'il a acheté au comptant, l'a-
gent a revendu à terme, mais cette opération ne fait
quant à présent l'objet d'aucun bordereau ; ce n'est
qu'à la liquidation que l'agent enverra à son client,
désormais vendeur, un compte qui se soldera à son
crédit :

                      « Paris, 17 avril.

      « Monsieur,

     « Je vous envoie ci-inclus votre compte de liquida-
« tion se soldant par :

               fr. 95,948

« à votre crédit.

   « Et il lui adresse, sur timbre de 1 fr. 80, un bordereau contenant ce compte ainsi conçu :

M. A... Compte de liquidation au 15 avril
chez M. X..., agent de change à Paris.

Achats		*Ventes*
	2 avril	200 obligations tunisiennes à 480 fr. 25 96.050 00
		Courtage et timbre 101 20
		Solde créditeur 95.948 20

Le solde débiteur était de 95.750.

Le solde créditeur est de 95.948,00

Différence en faveur du solde créditeur, ou bénéfice de l'opération fr. 198.20 pour une période de
quinze jours, soit près de 5 0/0.

Comme on le voit, chaque opération de report
comprend forcément deux comptes ; on ne peut donc
apprécier le résultat d'un report, qu'en rapprochant
les deux comptes, entre lesquels se décompose l'o-
pération. Les deux comptes balancés laissent un
solde en plus ou moins, courtage déduit, solde qui
constitue le bénéfice ou la perte.

Si à la liquidation, et alors que l'opération est
terminée, on veut continuer le report de la même
quantité de titres pour le mois ou la quinzaine suivante, il y a deux manières de procéder.

La première, consiste à consommer l'opération
existante, en livrant les titres vendus, moyennant

versement du prix par le reporté, puis à opérer de
nouveau, comme par le passé, c'est-à-dire à acheter
au comptant, en égale quantité, des titres, et à les
revendre à terme. En somme, on recommence l'o-
pération à chaque liquidation.

Ce premier moyen nécessite autant de levées et
de livraisons de titres qu'il y a d'opérations : on
supplée à cet inconvénient par l'emploi du second
procédé.

Le reporteur commence par acheter au comptant,
et par revendre à terme, fin courant, par exemple,
puis avant la liquidation, il achète, fin courant, pareille quantité de titres, qu'il revend fin prochain.
A la liquidation, il dit à son agent de change de
livrer au reporté, les titres qu'il a achetés en dernier lieu, et il conserve les titres qu'il a primitivement acquis ; avant l'échéance du second report,
il le prorogera de la même façon et ainsi de suite.
Voilà le report continué, qui a l'avantage, pour les
titres nominatifs, d'éviter une série de transferts,
puisque les titres primitivement achetés seront seuls
mis au nom du reporteur, et y resteront pendant
toute la durée des opérations.

Tout ce que nous avons dit jusqu'à présent, concerne les rapports des agents de change avec leurs
clients, mais il arrive souvent que l'agent de change
ne trouve pas dans sa propre clientèle des éléments

suffisants pour terminer la négociation, sans sortir
de son cabinet ; dans ce cas, il règle toutes ses opérations avec ses confrères, sur un cours spécial qu'on
appelle *Cours de compensation* ; nous allons montrer
l'utilité de cet expédient.

Certains capitalistes qui opèrent sur de très
grandes quantités, ne se soucient pas toujours de
tenir le public au courant de leurs opérations, soit
parce que cela gêne leur allure, soit parce que
d'autres spéculateurs pourraient emboîter le pas, et
accélérer parfois le mouvement plus qu'il n'est utile ;
les capitalistes recourent alors, pour faire leurs
achats et leurs ventes, à l'intermédiaire de plusieurs agents de change. Mais, si, à la liquidation,
et sur les ordres du client, les agents réglaient di-
rectement entre eux, les opérations contraires faites
pour celui-ci, ils seraient mutuellement forcés de
se faire connaître les positions du client pour établir les comptes, ce qui est justement ce qu'on
voulait éviter. On trouva alors un moyen ingénieux,
qui parait à cet inconvénient : c'était de déterminer
un cours qui serait destiné à servir de base, en liquidation, au règlement des opérations engagées
par un même client, chez plusieurs agents de
change.

En fait, on a pris le cours de deux heures, de
la première bourse du mois pour la rente, de la

deuxième bourse pour les autres valeurs qui y sont liquidées ; c'est ce qu'on appelle le cours de compensation, cours fixé par la Chambre syndicale, suivant la nature des valeurs.

Grâce au cours de compensation, les opérations sont complètes chez chaque agent de change, au moins au point de vue des écritures, et pourtant chaque agent de change ignore le résultat final de l'opération pour le client.

En voici un exemple :

J'ai acheté 500 actions du Nord fin courant, au cours de 1,500 fr., chez M. X..., et j'ai vendu 500 actions du Nord également fin courant, au cours de 1,550 fr., chez M. Y..., mon bénéfice sera de 50 fr. par action.

En liquidation, je dis à M. X... : Vous compenserez avec M. Y..., ce qui veut dire que je lui donne l'ordre de compenser ma position avec la position inverse que j'ai chez M. Y..., et je dis également à ce dernier : vous compenserez avec M. X...

Que fait chacun des agents de change, le cours de compensation étant de 1,520 fr.? M. X... me dressera un compte dans lequel il me portera acheteur, comme je le suis en réalité, à 1,500 fr. et, par fiction, vendeur à 1,520 fr. Mon bénéfice chez lui sera de 20 fr. M. Y... me dressera, lui aussi, une compte dans lequel je suis vendeur à 1,550 fr. et fictive-

8

ment acheteur à 1,520 fr. Mon bénéfice chez lui est
de 30 fr. qui, joints à mon bénéfice de 20 fr. chez
M. X..., me donnent bien les 50 fr. que je gagne
réellement sur chaque action. Mais grâce à ce procédé, le secret professionnel est gardé, et chacun
des agents ignore le résultat définitif de mon opération.

Le cours de compensation sert aussi, et c'est ce à
quoi tendaient toutes ces explications, à liquider les
reports qui se font en liquidation.

L'agent de change fait un report à tant de centimes, et calcule ensuite l'opération sur le cours de
compensation. Le chiffre réel du cours importe assez
peu au reporteur, puisque le résultat de l'opération
dépend du taux du report, de la différence entre le
prix d'achat et le prix de vente. Du moment où le
reporteur connaît exactement la valeur de l'écart qui
existe entre l'achat et la vente, cela lui suffit, et il
lui est indifférent que ces deux opérations se fas-
sent à un taux un peu plus ou un peu moins élevé.

APPENDICE

TAUX DES REPORTS ET COURTAGES.

Le taux des reports dépend d'un très grand nombre de circonstances, les unes générales, les autres particulières à certaines valeurs. Aussi, ne peut-on, sur ce point, poser de règle absolue, et n'y a-t-il, dans toutes les observations qui vont suivre, qu'une tendance générale se dégageant de l'ensemble des opérations de report.

Le prix des reports varie presque à chaque liquidation. Le titre, quel qu'il soit, en marchant vers l'échéance des coupons ou arrérages, devrait acquérir une valeur croissant de mois en mois dans la proportion de la partie échue sur le semestre courant. Le prix du titre vendu fin courant ou fin prochain est donc ordinairement plus élevé que le prix du titre vendu comptant. Cette différence entre le cours des valeurs au comptant et celui des marchés à terme est par excellence la cause d'où dérive le taux du report.

Au nombre des causes accidentelles qui exercent une influence, il faut mettre en première ligne l'abondance ou la rareté des capitaux qui viennent chercher de l'emploi à la Bourse. Habituellement, l'abondance de l'argent amène la hausse des fonds publics; dans ce cas, le prix des reports tend à baisser, puisque les capitalistes ont certainement des prétentions moins élevées; il tend au contraire à monter, quand l'argent est plus rare et que les titres baissent. On dit que le report est au pair, lorsqu'il ne produit au reporteur aucun bénéfice, et n'impose aucune perte au reporté : en effet, dans ce cas, l'achat et la vente ont eu lieu au même cours.

Enfin, on dit qu'il y a du déport, lorsque, par suite de l'extrême rareté des titres, le reporteur achète plus cher qu'il ne revend. Dans ce cas, le bénéfice est non plus pour le capitaliste, mais pour le détenteur des titres.

Indépendamment des circonstances générales, il y a, comme nous le disions plus haut, des causes particulières à chaque valeur, qui peuvent influer sur le taux du report de cette valeur.

Ainsi, indépendamment de l'allure générale du marché, de l'abondance ou de la rareté soit de l'argent, soit des titres, il suffit qu'une valeur soit menacée pour que la spéculation, se mettant à la baisse, le taux du report de cette valeur vienne à baisser.

De même, on observe souvent du déport sur une valeur au moment d'une souscription réservée aux porteurs de ces valeurs. Le report permet, dans ce cas, aux porteurs qui ne désirent pas souscrire, de transférer leurs droits à ceux qui veulent souscrire, sans avoir été jusqu'à ce moment propriétaires de titres. Le déport est, dans ce cas, une sorte de prime ou de loyer et qui peut atteindre un chiffre assez élevé. Nous aurons, du reste, occasion de revenir sur cette hypothèse dans notre troisième chapitre.

C'est d'après tous ces éléments qui se traduisent par le libre jeu de l'offre et de la demande, que la chambre syndicale détermine par l'inscription à la cote officielle les cours du report qui s'appliquent à tous les marchés conclus dans les mêmes conditions.

Le taux du report est indiqué dans une colonne spéciale de la cote officielle. Cette colonne comprend trois subdivisions, comprenant, suivant les époques, le taux du report du comptant en liquidation, du comptant en liquidation prochaine, et d'une liquidation à l'autre. Le taux est indiqué par un chiffre, suivi de la lettre R ou B, suivant qu'il y a report ou bénéfice. Le mot bénéfice désigne le déport qui correspond en réalité à un bénéfice pour le porteur du titre. Lorsqu'il n'y a ni report ni déport, la cote porte la mention pair.

Le taux du report est, on le comprend facilement, essentiellement variable comme les causes qui le font naître. Par suite de ces variations il peut atteindre un chiffre assez considérable, plus rémunérateur pour le capitaliste que n'importe quel prêt. On s'est demandé, et c'est même à ce propos que s'est élevée pour la première fois la question de la nature du report, si la loi de 1807 qui fixait à 6 0/0 en matière commerciale le maximum de l'intérêt de l'argent, devait recevoir son application dans notre matière. Cette question, qui passionna autrefois la doctrine, mais dont la pratique ne s'est jamais préoccupée, a perdu aujourd'hui son intérêt et son actualité ; elle a perdu son intérêt, parce que, comme nous l'avons dit, le report constitue une double vente, et que d'autre part les partisans de la doctrine du prêt sur nantissement sont, comme nous l'avons déjà vu, et nous le reverrons, si peu empressés à tirer les conséquences logiques de leur théorie, qu'ils pourraient une fois de plus faire échec à la rigueur des principes ; elle a perdu son actualité, parce qu'il n'y a pas eu, croyons-nous, depuis 1883, beaucoup d'opérations de report, faites dans des conditions normales, qui aient dépassé le taux de 6 0/0. Ce n'est pas nous d'ailleurs qui désirons tirer la loi

irrationnelle et anti-économique de 1807 de l'oubli
dans lequel elle commence à tomber.

On dit généralement que le taux du courtage des
reports est le même que celui des autres affaires. Ce
n'est pas rigoureusement exact, car si l'on appliquait
le principe que le marché contient deux opérations,
on serait amené à croire que l'on doit, pour un report, payer deux courtages ; le courtage de la vente
et le courtage de l'achat. Or il n'en est absolument
rien, et dans la pratique du report on ne perçoit
qu'un courtage, lequel ne porte que sur la seconde
opération. Mais nous verrons tout à l'heure que l'u-
sage de ne percevoir de courtage que sur la seconde
opération, indifférent au premier abord, présente cependant un certain intérêt, attendu que, en général,
le courtage est moins élevé pour les opérations à
terme que pour les opérations au comptant. C'est ce
qui paraît avoir uniquement préoccupé M. Bravard-
Veyrières (1), quand il écrivait en parlant des reports :
« Toutes chose égales, on a plus d'intérêt à acheter fin
« courant, et à vendre fin prochain, qu'à acheter au
« comptant et à vendre fin prochain ; en effet les droits
« de courtage, c'est-à-dire le droit de l'agent de
« change, sont plus élevés pour les opérations au
« comptant que pour les opérations à terme. » C'est

1. Bravard-Veyrières, *Traité de droit commercial*, tome II,
p. 126,

une erreur, et M. Bravard-Veyrières oubliait que le courtage est calculé sur la seconde opération, qui est toujours une opération à terme, et que la nature de la première importe fort peu.

Les reports comme les marchés à terme dont ils sont un cas particulier, ne sont pas susceptibles d'être opérés sur des quantités généralement quelconques. L'usage et le règlement ont établi à la Bourse de Paris un minimum différent suivant les valeurs, au-dessous duquel on ne peut pas descendre, et que l'on multiplie pour opérer sur des quantités plus considérables. C'est sur ces minima qu'ont été établis les courtages.

Voici quels sont les taux de courtage des valeurs les plus importantes (2).

La rente 3 0/0 se négocie par quantités de 1500 fr. de rente ; le courtage est de 20 fr. par 1500 fr. La rente 4 1/2 0/0 se négocie par 2250 fr. de rente le courtage est de 20 fr. pour 2250 fr.

Quant aux actions des Chemins de fer, de la Banque de France, du Crédit Foncier, et autres, elles se négocient par 25 actions, et le courtage est de 1/8 pour cent de la valeur du prix, ce qui pour mille francs donne 1 fr. 25.

2. Les taux que nous indiquons sont ceux des opérations à terme ; au comptant le courtage est ordinairement de 1/8 0/0 de la valeur négociée, c'est-à-dire 12 1/2 centimes par cent francs

Voici maintenant le courtage des valeurs soumises à la double liquidation.

La Rente Italienne se négocie par 2500 fr. de rente ; le courtage pour cette quantité est de 25 fr.

Quant aux Sociétés de crédit, autres que la Banque de France et le Crédit Foncier, et aux Chemins de Fer étrangers, ils se négocient par 25 actions et le courtage est fixé à 1/10 0/0. Seulement pour toutes ces valeurs, il y a un minimum de courtage fixé à 0 fr. 50 par titre, ce qui pour 25 actions donne 12 fr. 50. Comme ce chiffre de 0 fr. 50 considéré comme le dixième pour cent de la valeur correspond à une action de 500 francs, le minimum de 0 fr. 50 s'applique à toutes les valeurs cotées 500 francs et au-dessous.

Ajoutons comme règle générale que dans le cas où les valeurs ne sont pas complétement libérées, le courtage se calcule comme si elles l'étaient entièrement.

Comme observation pratique, il résulte de ces indications, qu'il faut, lorsqu'on calcule le taux d'un report, opérer la déduction du courtage.

Il faut, de plus, quand il s'agit de titres nominatifs, déduire le montant de l'impôt, sauf, toutefois, pour la rente, qui en est exempte. On sait, en effet, que les titres nominatifs sont soumis à un droit fixe de cinquante centimes par cent francs lors de chaque transfert dont ils sont l'objet.

Autrefois, et en vue des reports seulement, on faisait pour les titres nominatifs ce que l'on appelait un transfert d'ordre, c'est-à-dire qu'après l'achat au comptant, on faisait opérer un transfert sans frais au siège de la Compagnie; ce transfert indiquait qu'il s'agissait seulement de transférer une propriété momentanée. Mais il y avait là une source de bénéfice pour le Trésor, aussi les lois du 23 juin 1857, du 16 septembre 1871, du 30 mars 1872, et enfin du 30 juin de la même année, qui ont successivement réglé le taux de l'impôt sur la transmission des titres nominatifs, ont-elles appliqué le droit à l'ancien transfert d'ordre qui, dès lors, ne diffère plus du transfert ordinaire (1) Le droit fixé par ces lois est payé par l'acquéreur, par conséquent une seule opération de report donne, lieu à la perception de deux droits payés chacun par une personne différente.

.1. Il y a cependant encore des transferts d'ordre pratiqués en faveur de la Banque de France pour les titres sur lesquels elle prête.

CHAPITRE III

Le marché-report engendre des droits et des obligations au profit, et à la charge des diverses personnes qui y figurent. L'étendue de ces droits et de ces obligations est déterminée par la nature même du contrat, et la solution des divers points que nous avons à étudier dans ce chapitre, dépend complètement de la question de savoir quelles sont les qualités respectives du reporteur et du reporté.

La réponse à cette question est fort délicate, et cela parce qu'elle diffère d'abord suivant l'opinion que chacun se fait sur la nature du report, qu'en second lieu les partisans de chaque système ne sont pas d'accord entre eux, et que de chaque côté nous rencontrons des dissidents. Nous allons tâcher cependant de donner une idée de ces diverses manières d'envisager la question.

Première opinion. — Le report est un prêt sur nantissement. — Le raisonnement des partisans de ce

système est extrêmement simple : d'après eux, le
reporteur n'est qu'un créancier gagiste, le reporté
est un débiteur. C'est ce dernier qui reste propriétaire des titres puisqu'aux termes de l'article 2079
du C. Civ. le débiteur reste jusqu'à l'expropriation,
propriétaire du gage qui n'est dans la main du créancier qu'un dépôt assurant son privilège, et que d'un
autre côté la créance étant à terme, l'expropriation
ne peut avoir lieu avant l'échéance du terme. C'est
lui par conséquent, qui aura seul le droit de faire les
actes, qu'il appartient au propriétaire de pouvoir
seul accomplir.

Mais ici déjà signalons un premier désaccord ;
M. Albert Lyon, que nous avons déjà cité, et qui admet que le report constitue, sinon un prêt sur nantissement, au moins un double prêt (ce qui, au
point de vue qui nous occupe, devrait produire le
même effet, puisque donnés en prêt ou en nantissement, les titres devraient rester au préteur, au reporté dans l'espèce), ce savant auteur, disions-nous,
admet que le reporteur, emprunteur de titres d'a-
près lui, devient propriétaire. Voici comment il raisonne : le report est un prêt de choses fongibles,
c'est-à-dire de choses qui, bien que ne se consommant pas *primo usu*, peuvent être d'après l'intention
des parties identiquement remplacées par d'autres.
L'argent d'une part, les titres de l'autre, faisant

l'objet du contrat, ont été envisagés *in genere :* le reporteur doit des titres de même genre que ceux reçus, mais en attendant, conformément aux principes de la matière, il est devenu propriétaire de ceux qui lui ont été fournis. En effet, pour les choses fongibles, celui qui les reçoit à titre d'emprunteur en devient propriétaire, de même que l'emprunteur des choses se consommant par l'usage ou des choses y assimilées, en devient propriétaire, ainsi que l'énonce après Pothier l'article 1893.

Bien entendu, dans la pensée de l'auteur, il en serait autrement si, ce qui en fait n'arrive jamais, les titres étaient envisagés *in specie.* C'est donc en somme et au point de vue théorique, par une distinction que se résout la difficulté, d'après ce système ingénieux et savant, auquel nous accorderions volontiers la préférence si nous étions d'accord avec l'auteur sur la base même de son argumentation.

Deuxième opinion. — Le report constitue un achat de titres par le reporteur, suivi d'une vente à terme faite par celui-ci au reporté de la même quantité de titres. — Voici comment on raisonne : par suite de l'achat ferme effectué, le reporteur prend livraison des titres ; à son égard, ce premier contrat est éminemment translatif de propriété, le reporteur devient donc propriétaire des titres ; le reporté, à son tour, devient par le second contrat

acheteur à terme et, en outre, acheteur conditionnel : il est acheteur conditionnel, en ce sens qu'il ne
deviendra propriétaire des titres que sous condition
d'en payer le prix ; il s'agit d'une vente, or, la vente
est un contrat dans lequel la clause résolutoire est
toujours sous-entendue. Devenu propriétaire par le
premier achat, le reporteur reste propriétaire, malgré le second, sous condition résolutoire, et tant
que l'évènement formant cette condition ne s'est
pas accompli, il peut effectuer tous actes de propriétaire.

Le résultat est donc le même, que l'on envisage le
report comme portant sur des titres considérés
comme fongibles ou sur des titres achetés et vendus *in specie*. Cette dernière forme du contrat est li-
cite et se comprend, mais, en général, comme nous
le disions plus haut, ce n'est pas ainsi que le report
se pratique. Si cette forme diffère de la première, au
point de vue spécial qui nous occupe, rien n'est
changé : le reporteur est propriétaire.

Ce système est le plus universellement admis, et la
jurisprudence, qui après de longues hésitations a
adopté le système de la double vente, considère
aujourd'hui le reporteur comme un propriétaire (1).
Quant à la pratique, elle a toujours été fixée en
ce sens.

1. Paris, 19 avril 1875, D. P. 75.2. 161.

Cette doctrine a cependant été combattue dans un article de la *France judiciaire*, dû à M. Martin Le Neuf de Neufville, vice-président du tribunal d'Alençon (1).

Ce magistrat, bien que partisan du système de la double vente, dénie au reporteur le droit de propriété sur les titres. Il s'appuie sur ce principe que la vente est réelle, et que le terme seul empêche la livraison et le payement. Quant au retard dans le versement du prix, il ne constitue pas une condition ayant pour objet d'empêcher la translation immédiate de la propriété au reporté : la condition suspend la naissance de l'obligation, tandis que le terme n'en retarde que l'exécution. Le report est une vente à terme, et les effets de cette vente ne peuvent disparaître que par suite d'une décision judiciaire. Le reporteur n'aurait donc, d'après M. Le Neuf de Neufville, qu'une propriété momentanée, pendant un temps assez court, à peine a-t-il acheté qu'il a déjà vendu : il n'est donc, à vrai dire, jamais propriétaire, si ce n'est pendant un temps inappréciable. A l'arrivée du terme, si le reporté ne paie pas, l'obligation sera résolue, parce qu'aux termes de l'art. 1184, la condition résolutoire est toujours sous-entendue dans les contrats synallagmatiques pour le cas où l'une

1. *France judiciaire*, année 1878-1879, 1re partie.

des parties ne satisfait pas à son engagement, et que
la résolution de la vente a lieu de plein droit et sans
sommation au profit du vendeur, après l'expiration
du terme en matière de vente d'effets mobiliers.
La vente sera résolue, soit ; mais si le droit du reporté disparaît, c'est qu'il a en réalité existé, s'il
cesse d'être propriétaire, c'est qu'il l'a été avant la
résolution.

L'argumentation de M. Le Neuf de Neufville nous
paraît extrêmement spécieuse : peut-être même au
point de vue du droit strict, contient-elle l'expression
de la vérité. On peut cependant y répondre, croyons-
nous, et voici comment ; c'est que dans la réalité, et
à ne consulter que l'intention des parties contractantes, qui fait loi en matière de conventions, la seconde vente est beaucoup moins une vente à terme,
qu'une vente sous condition suspensive, accompa-
gnée d'un délai dans lequel la condition doit être
accomplie. Lorsque le reporteur dit au reporté : je
vous vends 25 actions liquidation prochaine à tel
prix, il entend dire : je vous promets 25 actions, si
à telle époque vous me payez tel prix. L'existence de l'obligation pourrait rester en question,
jusqu'à ce que le temps fixé soit arrivé, elle serait à considérer comme défaillie, alors qu'elle ne
se serait point réalisée au temps marqué. Par conséquent, tant que le paiement n'est pas effectué, le

reporteur serait à considérer comme étant propriétaire, l'accomplissement ou la défaillance de la condition au temps indiqué, déterminerait seulement
si en droit, il avait encore ou n'avait plus le droit de
propriété.

Quoiqu'il en soit d'ailleurs de ces explications,
elles ne visent qu'un cas extrêmement rare, celui où
le report se fait sur des titres déterminés *in specie*,
cas qui ne se présente presque jamais dans la pratique. Lorsque le report a pour objet des titres fongibles, il est bien certain que le reporté, pour M. de
Neufville comme pour nous, n'a jamais qu'un droit
de créance, que c'est donc le reporteur qui en est
propriétaire.

Le droit du reporteur une fois déterminé, reste à
en indiquer quelques conséquences.

I. — Si le reporteur est propriétaire des titres, il a
le droit d'assister aux assemblées générales; c'est
ce qu'a reconnu un arrêt de la Cour de Paris du
19 avril 1875 déjà cité, qui s'exprime en ces
termes :

« Considérant que suivant l'usage le plus ordinaire
« de la Bourse, les titres livrés par le reporteur sont
« les mêmes que ceux qui lui avaient été primitive-
« ment vendus, que le reporteur n'a eu alors de ces
« titres qu'une propriété momentanée; qu'il peut pa-
« raître excessif que des reporteurs possèdent de sti-

9

« tres d'actions qui ne font que passer entre leurs
« mains,y trouvent le moyen d'influencer des délibé-
« rations d'une assemblée d'actionnaires, dans une
« société à laquelle aucun intérêt sérieux ne les rat-
« tache ; mais que telle est la conséquence du droit
« de propriété des actions, en l'absence de toute dis-
« position qui règlemente le droit d'assister aux as-
« semblées,de manière à prévenir ce genre d'abus ».

Dans l'espèce que nous indiquons, on s'est basé
pour soutenir le contraire, sur le témoignage des auteurs et des arrêts qui envisagent le report comme
un contrat de prêt sur nantissement. C'est alors le
reporté qui est propriétaire, et le reporteur n'est
qu'un créancier gagiste : sa présence, alors qu'il
n'intervient ni comme propriétaire ni comme mandataire, ainsi que l'exige la loi de 1867, vicierait la
composition de l'assemblée générale.

Nous n'admettons pas, nous l'avons dit, la théorie du prêt sur nantissement, mais par hypothèse et
en la supposant vraie, nous serions pour notre part,
assez disposés à résoudre par une distinction, la
question de l'assistance aux assemblées générales.

Ou bien l'on se trouve en présence d'une assemblée générale prévue par l'art. 29 de la loi du 18
juillet 1867, nécessitant la représentation d'un
quart seulement du capital social, et alors les actes
qui sont de la compétence de ces assemblées, étant

de simples actes d'administration, le reporteur,
même considéré comme créancier gagiste, a le droit
d'y assister.

Que dispose, en effet, la loi de 1867 ? Elle déclare
que pourront assister aux assemblées générales les
propriétaires d'actions ou leurs mandataires ; or le
créancier gagiste est le mandataire du débiteur
pour tous les actes qui intéressent la conservation
de la chose, et c'est en ce sens que l'art. 2080 oblige
le débiteur à tenir compte au créancier des dépenses
utiles ou nécessaires qu'il a pu faire pour la conservation de la chose. Le créancier étant donc le mandataire du débiteur, pour tous actes conservatoires,
peut assister en cette qualité, aux assemblées générales ayant pour objet des actes d'administration,

Ou bien on se trouve en présence d'une assemblée générale extraordinaire, prévue par l'art. 31
de la loi de 1867, ayant pour objet de délibérer sur
les modifications à introduire aux statuts, ou sur la
continuation de la société au delà du terme fixé ;
dans ce cas l'assistance à l'une des assemblées
constitue au regard de la quote-part du capital
social dont le créancier gagiste est nanti, un acte de
disposition, préjudiciable aux droits du propriétaire
de l'action, et dans ce cas l'assistance aux assemblées
générales doit lui être réfusée.

Mais ce n'est là, nous le répétons, qu'une distinction que nous croyons pouvoir admettre par hypothèse; pour nous le reporteur est propriétaire, et peut faire tous les actes que suppose cette qualité.

II. — Autre question, et qui n'est pas la moins importante : à qui doivent échoir les coupons.

Le problème comporte une question de personne, et une question de moment.

La question de personne se trouve résolue par les explications qui précèdent, le coupon devant appartenir à celui qui est propriétaire. Mais à quel moment faut-il être propriétaire ? C'est au moment où l'on détache le coupon : ce point fort simple en apparence, nécessite, croyons-nous, quelques explications.

Chacun sait ce qu'on appelle coupon ; d'une façon générale, le coupon représente tout ce qu'il y a à toucher, soit à titre d'intérêt, soit à titre de dividende.

L'expression en elle-même n'est pas exacte, elle correspond à la réalité pour les titres au porteur : on paie ce qui est dû, contre remise de la petite bande afférente au titre que l'on découpe à cet effet. Mais elle ne s'applique que par extension aux titres nominatifs, pour lesquels c'est l'application d'une estampille qui établit le paiement.

En terme de Bourse, détacher le coupon, c'est attribuer la valeur de ce qui est dû au propriétaire du titre à un moment donné, c'est défalquer le montant du coupon, mais, et ce point est très important, cette attribution, cette défalcation sont absolument indépendantes du moment où le coupon sera réellement payé.

Détacher le coupon, ce n'est donc pas du tout effectuer l'opération matérielle que nous signalons plus haut, soit pour les titres nominatifs, soit pour les titres au porteur ; cela consiste dans une pure abstraction, soit que le coupon ait été payé ce jour là, soit qu'il ait pu être payé auparavant, soit enfin qu'il doive l'être plus tard.

Pour les valeurs qui ne sont cotées qu'au comptant, les coupons viennent en général à échéance deux fois par an, et sont payés au premier du mois. On détache le coupon, exactement le jour où on le paie ; la règle est simple, mais elle ne présente pas d'intérêt pour nous, puisque ces valeurs ne peuvent faire l'objet d'un report.

Quant aux valeurs, autres que la rente, qui sont cotées à la fois au comptant et à terme, on en détache le coupon lorsque la liquidation est terminée, c'est-à-dire à la sixième bourse du mois, en réalité lorsque les paiements peuvent avoir été déjà effectués (on exprime sur les cotes par ces mots : jouissance de..., le moment où le dernier coupon a été payé ; le détachement du cou-

pon est indiqué sur la cote de la bourse suivante,
par la mention : ex-coupon, c'est-à-dire titre
sans coupon, qui accompagne l'indication de la valeur).

Le détachement du coupon après la liquidation
se justifie pleinement, et trouve sa raison d'être
dans l'existence du marché à terme et de la liquidation qui le termine. En effet, les titres qui faisaient l'objet d'un marché à terme étaient livrables
fin courant; ils devaient donc être munis de leurs
coupons, puisque le paiement des coupons n'a généralement lieu que le premier du mois.

Sans doute, les nécessités pratiques de la Bourse
font que les livraisons de titres n'ont lieu que la
troisième bourse du mois, quatrième jour de la liquidation, mais il n'en est pas moins vrai que celui
qui a acheté fin courant a droit au coupon qui était
afférent au titre et qui n'était pas encore payable à
la fin du mois ; que, d'autre part, celui qui a vendu
à la même époque, bien que porteur du titre au
moment du paiement des coupons, ne doit pas en
bénéficier, puisque à ce même moment il n'est plus
propriétaire. La fiction qui veut que le détachement
du coupon ait lieu pour les valeurs cotées à terme,
quand la liquidation est terminée, est parfaitement
rationnelle, puisque c'est à ce moment seulement
que les titres sont dans les mains de ceux qui en

étaient réellement propriétaires au moment où le coupon était payable.

Quant au marché au comptant de ces mêmes valeurs, il était nécessaire de le soumettre à cette règle, puisque le même titre peut faire consécutivement l'objet de négociations à terme et de ventes au comptant. C'est donc à la sixième bourse du mois que pour ces valeurs la défalcation sera indiquée sur la cote par la mention ex-coupon.

Exemple : j'achète en liquidation de mai vingt-cinq actions du Nord, que je revends fin juin : le coupon est payable au 1er juillet.

Celui qui m'a acheté ces actions doit avoir les coupons, puisqu'il me les a achetés fin courant, et qu'à ce moment le coupon n'est pas payé ; aussi le coupon de ces valeurs ne se détache-t-il qu'après la liquidation ; ce n'est donc pas le reporteur, mais le reporté qui touche les coupons dans cette hypothèse.

Voici maintenant ce qui concerne les rentes françaises. Les coupons en sont payés tous les trois mois, pour le 3 0/0, le 3 0/0 amortissable, le 4 1/2 0/0 nouveau ; tous les six mois, pour le 4 1/2 ancien. Pour toutes ces valeurs, on détache le coupon quinze jours avant le moment où les caisses de l'Etat en paieront réellement le montant.

L'habitude de détacher le coupon de la rente

quinze jours à l'avance, qui, au point de vue rationnel, n'a pas sa raison d'être, est née des circonstances suivantes : autrefois, quand les valeurs n'étaient pas très nombreuses, le Trésor public autorisait les rentiers à déposer leurs titres un certain temps à l'avance, cela permettait de procéder plus à l'aise à la double formalité de l'estampille et du paiement des intérêts. On donnait alors aux porteurs de titres un récépissé, et c'est pour leur permettre de négocier ce récépissé, ou les titres qu'il représentait, pour en empêcher l'immobilisation dans les mains de la même personne, qu'on a admis la fiction du détachement du coupon quinze jours à l'avance.

A côté de cette anomalie, il s'en produit une seconde : le reporteur, qui était propriétaire du titre de rente au moment où le coupon en était détaché, n'en profite cependant pas.

L'usage est, à la Bourse de Paris, d'attribuer à l'acheteur à terme, au reporté, le coupon de la rente. C'est comme nous le disons, un usage illogique, puisque le reporté a acheté un titre qui, sans doute, portait un coupon au moment où l'a acheté, mais qui en était privé au moment où ce titre était livrable. Quoiqu'il en soit, c'est un usage absolument constant que l'on achète un titre de rente avec toute la portion des intérêts courus, et l'on sait quelle est en pareille matière la force de l'usage.

Voici maintenant un exemple de cette manière de faire : j'achète en liquidation de novembre pour 3.000 fr. de rente 3 0/0 au prix de fr. 80, et je la revends fin décembre au prix de fr. 80,25. Le coupon de la rente 3 0/0 est payable au premier janvier. A quel moment le coupon est-il détaché ? Au 16 décembre. Or à ce moment c'est moi reporteur qui suis propriétaire, c'est moi qui serai appelé à le détacher, mais non à en bénéficier ; je livrerai sans doute un titre sans coupons, mais comme il est admis par l'usage que le titre a été acheté avec tous les droits aux intérêts courus, je devrai en tenir compte à l'acheteur, c'est-à-dire que, si j'ai touché le coupon montant à 75 centimes, je serai débité de 750 francs sur mon compte de liquidation.

Par conséquent et pour en revenir au point initial dont nous étions partis, en théorie, le montant du coupon doit appartenir à celui qui est propriétaire, non pas au moment où le paiement est réellement effectué, mais au moment où le coupon est détaché, mais en fait, et par suite d'un usage, le principe ne recevant pas son application pour la rente, le reporteur ne bénéficie jamais du montant des coupons.

Si l'on accordait que le reporteur a les droits d'un créancier gagiste, la solution serait la même, l'art.

204 disposant que s'il s'agit d'une créance donnée en gage, et que la dette pour sûreté de laquelle la créance a été donnée en gage ne porte pas intérêt, l'imputation se fait sur le capital de la dette.

L'intérêt de la discussion revit en ce qui concerne l'attribution des lots. Si le reporteur est propriétaire, il doit en bénéficier, s'il est créancier gagiste, il doit en tenir compte au reporté, soit qu'on les considère comme des produits, soit qu'on les envisage comme résultant d'un prélèvement opéré sur l'intérêt périodique.

IV. — Droit de souscrire des actions réservées à certains actionnaires.

Il n'est pas rare de voir une société émettre de nouvelles actions pour augmenter son capital ou émettre les actions d'une autre société qu'elle prend sous son patronage. Dans ce cas, pour conférer un avantage aux anciens actionnaires, on leur réserve souvent le droit de pouvoir souscrire par privilège, et avant tous autres, aux nouvelles actions dans une proportion indiquée, qu'il est loisible aux émetteurs de déterminer, soit par exemple, à raison d'une action pour deux, pour trois, etc... Ce privilège n'appartient incontestablement qu'au propriétaire des titres, d'après nous au reporteur.

Ce droit donne lieu, d'ailleurs, à une hypothèse assez curieuse, comme nous l'avons dit plus haut,

où l'on voit des reporteurs effectuer volontairement
des reports avec un déport quelquefois assez considérable, et y trouver leur intérêt. Supposons qu'une
émission ait lieu dans les conditions que nous indiquons. Voici un porteur des premières actions, satisfait d'ailleurs du placement qu'il a fait, mais qui
n'est pas disposé à user du privilège qui lui est
offert, soit parce qu'il n'a pas de fonds disponibles,
soit parce qu'il a déjà des capitaux assez considérables engagés dans cette même affaire. A côté de lui,
voici un capitaliste qui désire vivement prendre
part à la nouvelle souscription, qu'il suppose devoir
constituer une excellente affaire ; seulement il n'est
pas déjà actionnaire, et peut craindre de ne pas
arriver en ordre utile pour pouvoir souscrire.

Il pourrait sans doute acheter au premier ses actions, seulement celui-ci ne consentira probablement pas à les lui vendre. Que va-t-il faire dans
ces conditions? Il lui proposera de le reporter, il
lui achetera au comptant ses actions, les lui revendra à terme, et dans l'intervalle souscrira par
privilège. Dans ce cas, on conçoit que le vendeur,
qui est le maître de la situation, ne rachètera qu'à
un prix sensiblement inférieur à celui qui a servi
de base à la vente, et c'est ainsi qu'à la veille de
souscriptions très courues, on voit opérer des reports avec un déport quelquefois considérable.

V. — Reste une dernière question, et nous en aurons fini avec les principaux droits du reporteur :

Quels sont à l'échéance les droits du reporteur non payé?

Si l'on était logique, voici comment on résoudrait la question :

Les partisans de la doctrine du prêt sur nantissement devraient dire que le reporteur en tant que créancier gagiste ne peut avoir que les droits que donne à celui-ci l'art. 2078, ainsi conçu : le créancier ne peut à défaut de paiement disposer du gage, sauf à lui à faire ordonner en justice que ce gage lui demeurera en paiement, et jusqu'à due concurrence, d'après une estimation faite par expert, et qu'il sera vendu en justice. Toute clause qui autoriserait le créancier à s'approprier le gage, ou à en disposer sans les formalités ci-dessus est nulle. Et c'est ainsi que M. Bozérian s'exprime sur le cas que nous examinons de la manière suivante : « De ce « que le report est un véritable prêt sur gage, il « résulte encore qu'il faudra le soumettre, sinon « aux règles de forme, du moins aux règles de « fond, applicables à ce dernier contrat. Par consé- « quent le reporteur ne pourrait disposer des titres à « l'échéance du terme, sans le consentement du re- « porté, ou, à son défaut, sans l'autorisation de jus-

« tice. » Mais, en dehors de M. Bozérian, personne, parmi les partisans de la doctrine du prêt sur nantissement, n'admet cette manière de voir, et la Cour de cassation a, en 1862, jugé que l'art. 2078, aux termes duquel le créancier gagiste ne peut disposer du gage en cas de non-paiement de sa créance, ne s'applique pas au nantissement fait sous forme de report, le créancier devant être considéré comme propriétaire des titres ou valeurs, s'il n'est pas remboursé de sa créance par le paiement du prix de la revente (1). Quant aux motifs sur lesquels a pu s'appuyer la Cour suprême pour rendre cette étrange décision, ils sont restés absolument inconnus.

Même dissentiment, il faut bien le reconnaître, entre les partisans de la double vente, mais cette fois avec infiniment plus de raison.

L'acheteur sous clause de report est propriétaire conditionnel des valeurs qui sont l'objet de son acquisition, et par conséquent si, à l'époque fixée par le report, c'est-à-dire pour la rétrocession des mêmes valeurs au vendeur, le prix de la revente n'est pas payé, la condition s'évanouit, et la propriété de l'acheteur devient pure et simple : c'est à son profit qu'il a le droit de disposer de ces valeurs.

1. Cass. 3 février 1862. D. P. 62. 1. 163.

Telle n'est cependant pas la solution de la pratique qui a toujours reconnu au reporteur, non pas le
droit de garder pour lui les titres, mais faute par le
reporté de les avoir levés, celui de les revendre aux
risques et périls de ce dernier, ce qu'on appelle encourir l'exécution.

Pour n'être pas rigoureusement conforme aux
principes, cette solution ne nous paraît cependant
pas devoir être absolument rejetée, même au point
de vue juridique, comme beaucoup d'auteurs s'ac-
cordent à le faire. De quoi s'agit-il, en effet? De l'interprétation d'un contrat. Il s'agit d'une convention
qui a reçu une part d'exécution, et on se demande
quelle conclusion l'intention des parties entend
donner à l'opération.

Or, il est de principe que l'on doit, dans l'interprétation des contrats, suppléer les clauses qui sont
d'usage, quoiqu'elles n'y soient pas exprimées : c'est
le texte formel de l'art. 1160. Celui qui fait des reports ne peut se prétendre étranger aux usages de
la Bourse : il sait, à n'en pas douter, que le terme
de la livraison ou du paiement est rigoureusement
fixé, que le délai de l'exécution n'est jamais susceptible de prorogation, et enfin, que tout retard dans
l'exécution du marché le mettra à la discrétion de
l'agent de change, qui, étant lui-même engagé vis-
à-vis d'un confrère ou d'un client, ne peut appor-

ter le moindre délai à l'exécution de l'opération pour laquelle il a servi d'intermédiaire.

Et à un autre point de vue, pourquoi le reporteur viendrait-il revendiquer la propriété définitive des titres. Il a donné ordre à un agent de change de vendre, par suite de cet ordre il lui a donné un mandat, celui de transférer à une autre personne et à un certain moment la propriété des titres. L'agent est obligé de se conformer à ce mandat, et l'on ne sait pas trop comment de ce mandat on induirait pour l'agent l'obligation tacite de conserver une propriété que son client entendait abdiquer.

L'intention de ce dernier n'était pas et ne pouvait être de conserver en portefeuille les titres reportés. Sur la demande du reporteur, l'agent lui a promis un acheteur sans pouvoir lui en faire connaître le nom ; au jour de la liquidation il faut que les titres soient vendus, et l'agent ne doit pas pouvoir opposer gratuitement et sans contrôle possible, le défaut de paiement de cet acheteur impersonnel, que le client ne connaît et ne peut connaître.

Toutes ces raisons seraient également applicables au cas où c'est le reporteur qui ne livre pas les titres et encourt l'exécution.

Nous arrivons maintenant à l'étude des droits du reporté.

Le reporté, comme nous l'avons répété à satiété,

n'est pas propriétaire des titres à lui vendus, mais
il le deviendra à la liquidation, ou plus tôt, s'il le
veut, en payant le prix des valeurs par lui achetées.
L'opération qui consiste à devancer l'époque convenue, et à exiger les effets négociés avant le terme
fixé, s'appelle l'escompte. La faculté d'escompter
trouve sa base dans l'art. 1167, qui porte que le terme
est en général présumé stipulé en faveur du débiteur, que celui-ci peut par conséquent renoncer à cet
avantage. Elle résulte dans les marchés à terme d'un
usage constant : un parère signé en 1824 a déclaré
qu'elle était présumée dans toutes les opérations de
cette nature, et depuis cette époque on n'en a plus
contesté le principe. Il serait d'ailleurs au point de
vue des principes parfaitement loisible aux contractants de déclarer, par une clause spéciale et expresse,
qu'ils s'interdisent d'exiger livraison avant terme, en
payant le prix convenu. Cette clause « non-escomp-
table » doit, comme toute convention, produire effet
entre ceux qui y ont été parties, et bien certainement les tribunaux, s'ils avaient à interpréter une pareille clause, s'en rapporteraient uniquement au
principe déposé dans l'art. 1156 de notre Code civil.

Notons cependant qu'en dépit de ce principe, la
Chambre syndicale des agents de change de Paris
refuse d'admettre la clause non escomptable ; aussi
par ce fait ne se rencontre-t-elle jamais en pratique,
du moins dans les opérations à terme ordinaires.

Pour ce qui est des reports, la question, bien que résolue dans le même sens par la pratique, a été à une certaine époque assez vivement discutée, surtout lorsque dans la réalité l'opération avait lieu avec du déport. Deux arrêts de la Cour de Paris, du 6 janvier 1868 (1), ont appliqué la solution de la pratique, même en cas de déport ; mais sur ce dernier point, une certaine portion de la doctrine, à la tête de laquelle se trouve l'éminent doyen de la Faculté de droit de Paris, M. Beudant, est restée en divergence complète avec la jurisprudence.

Voici en effet comment on raisonne : Dans l'opération de report faite avec du report, il est tout naturel que l'acheteur à terme ait le droit de renoncer au terme, dès qu'il lui plaît de lever les titres, parce que c'est à sa demande et dans son intérêt, que l'exécution du premier marché est reculée d'une liquidation, mais s'il s'agit d'une opération faite avec du déport, la situation est toute différente. Celui qui joue le rôle d'acheteur à terme, ce n'est plus celui dans l'intérêt et à la demande de qui l'exécution du marché a été reculée, c'est celui qui s'est fait reporter, c'est-à-dire le capitaliste qui est venu au secours d'un vendeur en détresse. En escomptant, ne va-t-il pas enlever à sa contre-partie le

1. Paris, 6 janvier 1868. D. P. 68, 2, 1.

bénéfice en vue duquel elle a reporté, ne va-t-il pas
la contraindre de suite à une livraison que l'opération avait eu précisément pour but de reculer jusqu'à la liquidation ?

Nous croyons cependant pour notre part, qu'en
dehors de toute clause contraire, le droit d'escompte
subsiste, même lorsque l'opération comporte un report où le reporté a prélevé un déport. M. Beudant
suppose en effet pour asseoir sa théorie qu'en cas
de déport, le reporté se trouve toujours en présence
d'un reporteur, qui a intérêt à ce que la livraison
soit retardée jusqu'à la liquidation. Mais ce point
de vue pour être souvent exact, n'est cependant pas
toujours vrai. Il y a des cas, comme nous l'avons
dit, où un individu peut se faire reporter sans avoir
de reporteur pour contre-partie ; c'est ce qui se produit par exemple, lorsque le reporté sert d'intermédiaire entre un acheteur au comptant et un vendeur
à terme. Vis-à-vis de sa contre-partie, le reporté
dans ce cas n'effectue qu'un achat à terme. Or comment le reporté peut-il savoir si sa contre-partie est
un reporteur ou un simple vendeur à terme, puisque le secret professionnel de l'agent de change,
lui dérobe le nom et les opérations de cette contre-
partie. Vis-à-vis de l'agent, le reporté n'est plus
qu'un acheteur à terme, et comme tel, il a indé-
niablement le droit d'escompte.

Cependant on admet une exception à la règle que la faculté d'escompter existe pour les opérations faites avec du déport ; c'est pour le cas que nous avons examiné où le déport résulte de droits de souscription ou autres, qu'il serait absolument léonin d'attribuer au reporté qui en aurait déjà touché le prix compensateur sous forme de déport.

Voici comment est réglé en pratique l'escompte, aussi bien pour les reports que pour toutes autres opérations à terme. Celui qui veut escompter son vendeur, manifeste son intention à son agent de change. Si l'agent a dans sa clientèle la partie qui escompte et la contre-partie, rien de plus simple : il fera dans son cabinet l'échange des titres contre les fonds ; si son client n'effectuait pas la livraison, il achèterait les titres aux risques et périls de ce dernier, mais en matière de report cette éventualité ne se présentera presque jamais, parce que l'agent reporteur conserve jusqu'à la livraison les titres achetés et revendus. Si c'est un confrère qui a la contre-partie, l'agent devra faire afficher en Bourse sa demande d'escompte. Alors de deux choses l'une : ou bien dans un délai qui est de trois jours pour les titres au porteur, de quatre jours pour les titres nominatifs (à cause du transfert) la contre-partie livrera ces titres, recevra les fonds, et l'escompte sera effectué ; ou bien la contre-partie ne fera pas cette livraison, et alors l'agent acheteur les achètera en Bourse, aux risques et périls de l'agent vendeur ; c'est ce qu'on appelle exécuter son confrère.

La faculté d'escompter est assez souvent mise en pratique, et cela se conçoit. Indépendamment de cet avantage purement théorique, et assez contestable en fait, qu'elle fait présumer le caractère sérieux du marché, le vendeur s'engageant à être toujours prêt à livrer, elle présente l'avantage de consommer l'opération avec promptitude, et de décharger d'autant le travail de la liquidation ; elle est de plus susceptible de certaines combinaisons d'un mécanisme assez délicat d'ailleurs, mais qui à un moment donné peuvent être précieuses.

C'est ainsi que les haussiers achètent à terme des valeurs qu'ils ont en portefeuille par grandes quantités, puis brusquement ils escomptent leurs vendeurs qu'ils savent engagés pour une notable proportion dans des opérations à découvert. Les contre-parties, obligées de faire face à leurs engagements, et ne trouvant pas de titres en quantité suffisante sur le marché, achètent à n'importe quel prix, pour tenir leurs obligations, et les haussiers profitent tout à la fois du bénéfice que leur vente leur a permis de réaliser, et du mouvement ascensionnel qui est la suite de ces achats, puisqu'ils ont encore les titres en mains.

On use encore de cette faculté pour accélérer les
émissions qui se font difficilement. Quand un certain nombre de titres sont casés, les émetteurs font
de gros achats à terme ; leurs vendeurs à découvert
cherchent des titres, n'en trouvent pas suffisamment, et les émetteurs vendent alors par l'intermédiaire d'un autre agent de change les titres qui n'é-
taient pas encore en circulation. Dans ce cas, sans
doute, l'escompte n'est plus qu'un instrument de
spéculation, mais quelle est l'institution, même

parmi les meilleures, qui n'a pas ses mauvais côtés?

Nous en avons ainsi terminé avec l'examen des
différents points qui nous paraissaient comporter
quelque intérêt. En groupant ainsi les questions
controversées, et en essayant de résoudre les autres
par l'application pure et simple des principes, nous
n'avons pas eu la prétention, que rien n'eût d'ailleurs justifiée, d'enseigner la science générale et
complète du report. Notre but a été plus modeste :
nous n'avons eu en vue que d'examiner quelques-
uns des aspects de cette opération si peu étudiée
jusqu'à présent, de comparer les agissements de la
pratique avec les données de la doctrine, de montrer enfin l'avantage que toutes deux trouvent à se
prêter un appui mutuel. Voilà simplement ce que
nous avons voulu ; aujourd'hui qu'il n'est plus per-

mis aux gens de loi d'ignorer la science de la
Bourse. et que les gens de Bourse connaissent les
principes juridiques, nous avons cru que l'étude du
report ne serait peut-être pas sans quelque intérêt. C'est cette considération qui nous a porté à ten-
ter cet examen. Puissions-nous n'avoir pas trop dépassé les bornes de notre compétence.

POSITIONS

Droit romain

I. L'échéance du terme ne suffit pas pour constituer le débiteur en demeure.

II. L'infamie est une institution traditionnelle, et non une création du préteur.

III. La *condictio certi* est donnée à tout créancier qui demande un *certum*.

IV. Le pupille a une *condictio ex mutuo* pour réclamer des deniers livrés pour faire un *mutuum* et consommés de bonne foi.

Droit civil français

I. La délibération du conseil de famille, qui enlève la tutelle à la mère remariée, n'est pas susceptible d'être modifiée par voie de recours.

II. L'art. 299 ne s'applique pas à la séparation de corps : l'époux contre lequel la séparation a été prononcée, conserve tous les avantages que lui a fait son conjoint, soit par contrat de mariage, sauf révocation pour ingratitude, soit même pendant le mariage, s'il n'y a révocation expresse.

III. Lorsqu'une demande en révocation de donation a été formée pour cause d'ingratitude, et que le donataire vient à mourir pendant l'instance, le procès ne peut être continué contre ses héritiers.

IV. La clause pénale doit être maintenue alors même que le montant qu'elle fixe est supérieur au taux légal.

V. Les tribunaux peuvent accorder des délais de grâce, alors que le créancier est muni d'un titre exécutoire, pourvu que ce ne soit pas un jugement de condamnation.

VI. L'adjudicataire sur expropriation forcée peut, en cas d'éviction, poursuivre le saisi en garantie, et les créanciers utilement colloqués en répétition de son prix.

VII. L'interdiction judiciaire du mari est suffisante pour autoriser la femme à demander la séparation de biens.

VIII. Le prodigue qui se marie sans contrat est marié sous le régime de la communauté légale.

IX. La loi du 8 avril 1885 sur les marchés à terme a un effet retroactif.

X. L'hypothèque consentie pour sûreté d'une ouverture de crédit a un rang unique fixé au jour de son inscription.

Droit criminel

I. La Cour d'assises peut accorder des circonstances atténuantes aux condamnes par contumace.

II. L'art. 4 de la loi du 27 mai 1885 ne doit pas être appliqué, lorsqu'on se trouve en présence d'une condamnation antérieure qui a été encourue en cas de conviction de l'un des délits prévus par le paragraphe second de cet article, et d'un autre délit non prévu par ce texte, la peine la plus forte ayant été seule prononcée.

III. Les peines politiques doivent entrer en ligne de compte dans le calcul des dix ans de l'art. 4 de la même loi.

IV. L'étranger qui se trouve dans l'un des cas prévus par cet article doit être condamné à la rélégation, alors même qu'il aurait été déjà rendu contre lui un arrêté d'expulsion.

Droit commercial

I. En cas de faillite déclarée après le décès du mari, la police d'assurance contractée au profit de la femme depuis le mariage tombe dans l'actif de la faillite.

II. L'admission pure et simple d'une créance au passif de la faillite, suivie d'affirmation devant le juge commissaire, forme contre le créancier admis et la masse un contrat judiciaire, qui met la créance affirmée à l'abri de toute contestation ultérieure.

Droit administratif

I. L'autorisation accordée par l'autorité administrative d'ouvrir un établissement dangereux, incommode ou insalubre, ne met pas obstacle au droit qu'ont les tiers lésés de faire prononcer contre l'exploitant une condamnation à des dommages-intérêts.

II. Le juge civil, saisi par un particulier lésé dans l'exécution d'un arrêté administratif, peut indépendamment de toute condamnation à des dommages-intérêts, ordonner la destruction des travaux effectués en exécution de l'arrêté.

Droit international

I. Un gouvernement étranger n'est pas justiciable des tribunaux français, à raison des obligations par lui contractées envers un Français.

II. Un étranger ne peut pas exercer en France la profession d'avocat.

III. En l'absence d'une loi sur l'extradition, l'extradé ne peut pas invoquer l'irrégularité de l'extradition.

IV. La femme, le mineur ou l'interdit n'ont jamais d'hypothèque légale sur les biens de leur mari ou tuteur situés en France.

Vu :

Douai, ce 10 mars 1886,

Le doyen de la Faculté, Président de la thèse,

Daniel de Folleville.

Vu et permis d'imprimer :

Le Recteur de l'Académie,

D. Nolen.

TABLE DES MATIÈRES

DROIT ROMAIN

DROIT FRANÇAIS

Laval. — Imp. et stér. E. JAMIN, rue de la Paix, 41.

www.ingramcontent.com/pod-product-compliance
Lightning Source LLC
Chambersburg PA
CBHW052103090426
42739CB00010B/2293